渡部昇一の世界史最終講義

高山正之

解説・対談

飛鳥新社

渡部昇一の世界史最終講義●もくじ

序章　なぜ、世界史対談か（高山正之）
「日本によるアジア破壊についての簡潔な報告」…5
陰湿なアメリカ…12
従中こそ戦争への道、日本は栄光ある孤立を守れ…21

第一章　安倍政権の世界史的使命
逆転を始めた世界史…34
グローバル化の変調…38
「メディア専制」の終わり…46
「アメリカ主義」はもう限界…51

第二章　崩壊する「米国製の嘘」
アメリカ発「残虐な侵略国家日本」…60
人種間戦争は植民地解放戦争だった…64
米中共通の敵・日本…76

アメリカ人の残忍さを相対化する「日本軍の罪」…84
嘘の綻びが広がってきた…94

第三章　驚くべき日本の潜在力
マッカーサーとカルタゴの平和…106
日本国憲法は敗戦条約だった…113
皇室と日本史の一体性…121
歴史の重みが民衆レベルでの一体感を生む…128
伊勢神宮にあらわれた日本のかたち…134

第四章　最大の戦後レジーム・朝日新聞のメディア専制
かげりが見えた朝日の天下…146
やりたい放題の嘘が許された理由…155
朝日との「40年戦争」に勝利した…162
産経新聞が広げる新聞メディアの新常識…173

第五章　戦後世界の大転換

メディア専制の行方…182
明らかになる金融グローバリズムとメディアの関係…188
中国という大厄災に対処する外交戦略…196
日本を封じ込めてきた「米中の核の枷《かせ》」を外す対英・対ロ外交…201
グローバル化に最後までしがみつく習近平…209

終章　迷走して行き場を失う「敗戦利得者」（高山正之）
「朝日に楯突く気か、潰してやる」…218
日本がいかにダメか、書き連ねたい病理…226
フェイクニュースとの戦いは新たな次元に…230

序章　なぜ、世界史対談か――髙山正之

「日本によるアジア破壊についての簡潔な報告」

1992年にロス支局長で渡米し、米国の新聞各紙を毎朝読むようになって一番驚いたのは、日本の悪口が必ず出てくることだった。40行ほどの短い社説でも、コリアと出てくれば、カンマして必ず「かつて日本に植民地化されたKorea, once Japan colonized」という説明がつく。94年の米朝交渉で核開発の凍結が取りざたされて以降、北では繰り返し飢餓が起きていたが、「かつて日本が植民地支配した北朝鮮で、飢餓が起きている」という報道が増えただけだった。あんまり頭にきたので、米紙論説委員室に電話して、フィリピンに触れたときは必ず「かつて米国が占領し、40万人殺した」と書けよと抗議した。

もう一つ頭にきたのは、米紙が東南アジアに触れると、これも必ずといっていいほど、「か

って日本が占領して残虐行為をしたSouth East Asia, once Japan occupied and conducted atrocities」と挿入されることだ。いちいち日本を引き合いに出す。90年代まではこの書き方が恒常化していた。

最近では手口が変わり、現地発のニュースとして、「日本の残虐行為」を思い出させるのが年中行事となった。北京発の南京大虐殺、マニラ発のバターン死の行進とマニラ大虐殺と、シーズンになると毎年必ず現地記者に書かせる。最近のお気に入りは七三一部隊で、例えばニューヨーク・タイムズは、フォーリン・アフェアーズの編集者、ジョナサン・テパーマンに「日本は朝鮮とシナ北部を残忍に搾取して己の足場を固めた。その象徴が七三一部隊で、近隣諸国はことあるごとに、この残忍さの記憶が蘇る」と書かせた。きっかけは、安倍が操縦席に試乗したブルーインパルスの機体番号が「７３１」だったのだ。ただそれだけのことに無理やりこじつけて空騒ぎしただけだった。オバマが広島を訪問する前にも、念入りにシリーズで日本の残虐行為を報じていた。

要は、原爆投下や東京大空襲が米国による残虐行為atrocitiesと指弾されないよう、先回りして「日本もこれだけ酷いことをやった」と潰しておく作業を、米国のマスコミは戦後70年経ってもまだ続けているのだ。

一方、歴史認識で日本人を叩きのめして、意気消沈させ、二度と立ち上がれないようにする。そういう戦後洗脳のお先棒を日本国内で担いでいたのが、左巻きインテリと朝日新聞だった。彼らの大罪を糺《ただ》し、正しい歴史観に引き戻す戦いを、１９７０年代前半から40年以上も、屈することなく続けてきた第一人者が、渡部昇一先生だ。

渡部先生と私との対談を公刊するのはこれが初となる。ご逝去の5か月ほど前、世界史の中での日本の正しい評価をテーマに、じっくりお話しする機会を得た。トランプ時代という歴史の転換点で〝日本ファースト〟の世界史の見方について論じたのだ。

先の大戦を侵略戦争と断ずる自虐を、渡部先生は「東京裁判史観」と名付けて、誰よりも早く警鐘を鳴らした。その危機感が正しかったことは、江沢民が「日本に対しては歴史問題を繰り返せ」と訓示したことで証明された。南京で30万人が殺されたと東京裁判で言ったベイツのホラ話を朝日と本多勝一が生き返らせ、さらに吉田清治の虚言を真実のように取り上げた結果、中国と韓国が外交戦略に利用するようになった。

慰安婦や徴用工で中韓が共同戦線をとる悪影響は、国内での自虐論争とは次元が異なる。渡部先生が第三章で若狭和朋《わかさかずとも》を引用したように、スペインが歴史戦で敗者となった教訓は大きい。かつて英国もフランスもオランダもポルトガルも、スペインと同様、巨大な植民地帝国を築いた。中米、南米、カリブ海諸国、太平洋、アフリカに至る広大な植民地を有したスペインが歴史戦に敗れたのは、たった一冊の、『インディアスの破壊についての簡潔な報告』(岩波文庫)という薄いパンフレットによってである。

1542年、インディオを奴隷として自分の農園で酷使していた聖職者のはしくれラス・カサスは、自らの罪滅ぼしの意味もあり、いかに他のスペイン人入植者が残虐か、フィクションも交えた報告書を国王に上奏した。これが1552年に印刷され、欧米各国に広まることで、スペインは袋叩きにされた。喜んだのは他の植民地帝国だ。

悪いのはすべてスペイン人となって、植民地がどんどん減っていく。米国は、スペインの勢力衰退につけ込んで、中南米やカリブ海地域を自分の「裏庭」に囲い込んだ。

これで分かるように、米英が世界支配に乗り出せたのはラス・カサスの本を巧みに使い回して、スペインの国家意識とプライドをズタズタに粉砕した結果だった。

第二次大戦の前、アメリカ嫌いのフランコ将軍はヒトラーに、ドイツの核計画について助言をしようとしたが、ヒトラーは「スペイン人が何を言うか」と、まったく相手にしなかった。かつての帝国の面影すらなく、他国から相手にされない。国としての発言権を失ったスペイン人は内向きで無気力になり、国内の犯罪率も高く、1ブロック歩くごとに2回スリに遭うと言われるほどすさんだ国になった。国の威信を失う怖さである。

いずれ米中韓の悪だくみで、「日本によるアジア破壊についての簡潔な報告」が書かれるはずだ。そのように世界史を見れば、朝日の犯した罪は日本人が想像しているよりもずっと大きいことがわかる。それにいち早く気づいて、日本のためになる日本史を編んできた渡部先生は、不朽の仕事をされたと思う。

例えば、朝日は、日露戦争百周年にあたり、明治の二度の戦争を「近代日本を朝鮮の植民地支配と中国侵略へと向かわせた転換点だった」と位置づけた。同様に司馬遼太郎は「坂の上に上った日本は、その後下るだけだった」と日露戦争以後を批判したが、それは違う。欧米列強との接触で自信を喪失し、戊辰戦争から西南戦争までの内戦で、明治維新を成してもなお迷走していた日本が、日清戦争で初めて民族として団結し、日露戦争で国家としてのアイデンティティを確立した。日本人はロシア人に勝って、初めて自分たちの存在の意味を知った。だからこそ大東亜戦争で、日本人の一兵卒に至るまでが、アジアを白人の支配から解放しようと戦ったのだ。

日本は己《おのれ》の経済的利得よりも、パリ講和会議で人種平等が一蹴されたこと、さらに米国が日本人移民を人種ゆえに締め出したことに庶民まで怒った。昭和天皇もパリ会議での人種平等案問題が先の戦争の遠因と語られていたように、国民のすみずみまでその非道を知っていたからこそ、アイルランドを除くすべての国が日本に宣戦布告しても、ひるむことなく戦い抜いた。

インパール作戦のような信じられない負け戦も、我々は使命に生きていると思えたからこそ、敢然と死地に赴いた。もし明治維新の頃の日本人のままだったら、戦闘を放棄していただろう。

一つの民族が一つの意志に団結していた戦前・戦中・戦後直後の国民意識を、実体験で知る渡部先生は、本書の第三章で繰り返し、当時の日本人の素朴な姿を証言している。

犬死だったというのは賢《さか》しい後知恵で、日本は世界の白人種を相手にわたり合い、敗れた後は言い訳もせず、植民地解放にも恩着せがましいことは一切言わなかった。思い出したのは、ペルーを追われたアルベルト・フジモリが、逮捕を承知で帰国した姿だ。大統領に就任した頃のペルーは、毛沢東主義に従って一村一殺を実行し、略奪・誘拐を繰り返し、女を拉致して性奴隷にするテロ集団センデロ・ルミノソがのさばっていた。そのテロ集団をわずか2年で退治して治安を取り戻したが、その過程で民間人が巻き添え被害を受けた。裁判でフジモリは一切抗弁せず、部下の罪をすべてかぶって有罪判決を受けた。戦前のままの日本人像をそこに見た。

渡部先生の言うように、日本人は強い意識で戦争に臨んだ。特攻隊も決して無理に作り上げられたものではなく、日本を守る強い思いの発露だった。そういう視点を持たないように誘導したのが米国であり、朝日新聞だ。無意味な戦争だったと、日本人が自尊心を持たないのがいいことのように洗脳し、一定の成功を収めてきた。それが顕著に表れたのが、戦後日本の中国・韓国観の迷走だ。

日本は明治の戦争で、シナ人の残忍さを身をもって知った。宮崎滔天《とうてん》や頭山満《とうやまみつる》が懸命にシナ人に人の道を教えたけれども、何も変わらず無駄に終わった。

福沢諭吉が支援して最後に匙《さじ》を投げた朝鮮人の度し難さも同様だ。ところが戦後、親中路線の広岡知男に指揮された朝日が、マオイズムで持ち上げ、共産党独裁があたかも楽園であるかのように報じ、江戸期の儒者が「徳の国」と憧れていた対中観に戻ってしまった。敗戦前まではまともにシナ人とは何かを理解できていたのに、信じがたい逆倒である。

これほど日本人の対外観を狂わせ、痴呆化させるのに尽力した朝日だが、その背後には米国がいる。渡部先生との世界史対談も、日本人が知らない米国の対日戦略について、多くの時間が割かれた。

陰湿なアメリカ

私が米国の異様さに気づかされたのは、前述のロス時代だった。1992年のロス暴動のきっかけとなったロドニー・キングに対する白人警察官の暴行事件が逆転有罪になった裁判があった。続いて、元有名フットボール選手のO・J・シンプソンが元妻と白人のボーイフレンドを殺した事件が起き、これは明白な証拠がありながら無罪になった。この異様なケースを立て続けに見せられて、この国の幼稚さを初めて知った。

この国は三権分立を謳《うた》いながら、司法は完全に行政の下になっている。屁理屈で訴えれば数百万ドルの賠償金を獲得できる「訴訟亡国アメリカ」の実態も知った。それで強請《ゆす》られる日本企業のストーリーとともに連載で紹介した。司法の面だけでも、米国がどれほどひどい国か論じたものだ。

すると当時のワシントン総局長は私の更迭を社の上層部に具申し、ロスの日本総領事館の公使は「こんなことを書くと国外追放になりますよ」と言ってきた。何を言うか、米国追放となれば80年代、ホメイニ師をおちょくった罰でのイランからの追放にも勝る名誉だと切って返したが、そんなまともでない米国を日本に伝えるべき新聞も、さらには外交官がもっとまともでないことを知った。

民主主義を守り法を尊重するというのは詭弁《きべん》でしかない、この国の素性を正直に書いただけなのに、抵抗は強かった。連載には、社長賞を出して産経新聞出版から単行本化するという話が社内で持ちあがったが、立ち消えした。米国の素性を少しでも書くとこんなおかしな逆風が吹いてくることを、身をもって知った。

わが国の戦後ジャーナリズムの主流に、徹底した親米体質があり、それに反日がくっついてくる。朝日新聞が具現化し、各社の特派員が是とする路線だ。日本人ジャーナリストを取り込むフルブライト・ジャーナリスト・プログラムの影響は大きいが、それだけではない。第五章で渡部先生がアシュケナジムに言及された通り、米国のマスメディアがグローバリストに支配されていることが大きい。だから朝日は生き残るし、親米反日路線を守るジャーナリストはサポートされ続け、親日反米を唱える者はあっという間に主流派マスコミから爪弾きにされる。

私が幸運だったのは、さきの訴訟連載が文藝春秋から出版され、それまで面識のなかった西尾幹二先生に「立派なアメリカ論」と評価され、文庫化に際して解説を書いてもらったことだ（『弁護士が怖い！』文春文庫）。

主流派に楯突くから支持してくれる人もいる。連載の場を産経から週刊新潮に移しても同じ論調を貫き、自分の意見を枉《ま》げなかったのも、ある意味では朝日が許せぬことを報じ続けてくれたおかげだ。保守のくせに反米だと言われ続けたが、保守でも反米でもない、まず日本人なんだと一貫してきたのは、渡部先生と通底する部分だし、渡部先生は早くも70年代初めから朝日と左を装う反日人士の世論誘導と洗脳体質を見抜いて、彼らを「敗戦利得者」と名付け、断固戦う道を切り拓いてきた功績は大きい。

米国の新聞は「権力に対抗する」存在ではない。そんなバカな建て前を信じているのはおめでたい戦後日本人だけだ。米国の歴史を見れば、新聞が常に政権と結びついてきたことが分かる。特に米国がやってきた戦争を見れば分かる。戦争が起きると人々はこぞって新聞を買う。開戦で一番儲かる産業の一つが、新聞社だ。新聞は世論を操り、国益を追求する政府と組んできた。

馬渕睦夫元ウクライナ大使が、著書で興味深い指摘をしている。「二つのアメリカ」論だ。一つは陽気なヤンキーの顔をしていて、開拓者精神を謳いながら先住民を皆殺しにする。現在ではトランプが代表している姿だ。もう一つは本書で論じた、ウォールストリートに潜んで、マスコミを支配するグローバリストである。カネ儲けのために米国の戦争を画策してきた。アシュケナージという国境を持たない人たちが、かつては共産主義《マルキシズム》（グローバリズムの亜種）、現代ではポリティカル・コレクトネスとグローバリズムを道具に使って知的世界を支配し、世論を動かしている。

「陰湿なアメリカ」の真の姿を理解するには、米国の戦争がなぜ起きたかを見なければならない。例えば19世紀末の米西戦争は、新聞が世論をリードして始まった。「植民地キューバの民を虐めるスペイン人は許せない」と書きたてると、海軍省次官セオドア・ルーズベルトは義勇兵としてキューバで戦い、在キューバの米国人保護を口実に出かけていった戦艦「メイン」がハバナ港で謎の爆沈をする。「市民ケーン」のモデルになった新聞王ウィリアム・ハーストのニューヨーク・モーニング・ジャーナルと、ジョゼフ・ピューリッツァーのニューヨーク・ヘラルドは、揃ってスペインの仕業だと騒ぎ、ついに煽られた連邦議会が開戦に踏み切る。

かくて米艦隊が気の毒な植民地の民を救うため、大挙キューバに向かうと思いきや、米艦隊は何か月も前から太平洋を渡っていて、マニラ湾で一斉にスペイン艦隊に突入していた。フィリピンを奪ってグアムも保護領とし、ハワイ併合に加え太平洋を横断する戦略ルートが完成する。キューバなど端から口実でしかなかったのだ。

日米戦争も同じような構図だ。第二章で詳しく語られたが、日本は米国の仕掛けた狡猾な罠に嵌められ、中国と戦争をする羽目になった。米国はまず清華大学を作ってシナ人を米国留学させ、親米反日の指導者を育てた。山東省の権益を得た日本を非難し、ヴェルサイユ条約調印拒否で中国に同情的な国際世論を作ったパリ講和会議の中国代表は、胡適《こてき》や顧維鈞《こいきん》、王正廷《おうせいてい》ら、皆アメリカ留学帰り、つまり米国の手先だった。国民党で蔣介石の主だった部下も、宋子文《そうしぶん》や孔祥熙《こうしょうき》、宋美齢《そうびれい》や宋慶齢《そうけいれい》を含め、すべて米国留学組だったのは偶然の結果ではない。「五・四運動」も米公使ポール・ラインシュが指導したし、西安事件で宋美齢を連れて飛んでいったのは米紙特派員ウィリアム・ドナルドで、彼が蔣介石を解放させた。南京大虐殺を証言したベイツやマギー、ニューヨーク・タイムズのティルマン・ダーディンら新聞記者もすべて米国ならびに米紙の関係者である。インディアン同士を戦わせたように、黄色い日本人に中国をけしかけ、武器や戦闘機、パイロットまで貸し与えた。ドイツは蔣介石に最新兵器と軍事顧問団を援助し、日露戦争の恨みがあるソ連もパイロットや航空機を提供した。日本を粉砕するために白人国家が米国の下で協力していた。米国の長期計画と国家意思がまずあって、それに沿って事態が動いていた。

日露戦争に日本が勝った後、時の米大統領セオドア・ルーズベルトは在朝鮮の米公館をすべて閉じ、外交官をみな引き揚げさせた。驚いた朝鮮側が翻意を促すと、セオドアは「お前たちには自治の力もない。日本に面倒を見てもらえ」と言い、さらに「日本がそうすることは白人の重荷ならぬ黄色の重荷を担う日本の明白な使命だ」（J・ブラッドレー『テディが日米戦争を起こしたのか』）とまで言い放ったという。

「白人の重荷」とはラドヤード・キップリングの詩に出てくる。白人は野蛮で幼稚な未開人の地に行き、彼らを啓蒙する責任がある。それが文明の民としての崇高な使命であるという。黄色い日本人には黄色い重荷を背負わせる。日本人は根が真面目だから「野蛮で、集まれば争い、分裂する朝鮮の民」でも本気で教え導こうとするだろう。それは文字通りの重荷として、日本の国力を十分消耗させると読んだ。その読み通り、米国に朝鮮を押しつけられた日本は国家予算の2割を注ぎ、インフラを整備し、教育と文明を与えた。伊藤博文は5年間かけて、保護国である朝鮮が何とか自立できるようにするつもりだった。

もう一人、日本に駐在していた元米国外交官で、１９０４年に大韓帝国の外交顧問に任命されたダーラム・スティーブンスは、伊藤博文の右腕として、植民地統治の知識を欠く日本に知恵を貸していた。事実上、朝鮮統治を差配していたスティーブンスが１９０８年に休暇で帰米すると、サンフランシスコで新聞のインタビューを受け、日本の影響力と保護が強化されることで韓国民衆は利益を得ており、日本にある程度道筋を立ててもらうのが彼らにとっても幸せだという発言をした。要はセオドア・ルーズベルトと同様、自立の能力がないから日本人の世話になれという趣旨だったが、新聞でそれを読んだ在米朝鮮人のグループが、ホテルに押しかけ、スティーブンスを袋叩きにした。スティーブンスはなんとか逃げ出したが、翌日、サンフランシスコ港からオークランドへ行くフェリーに乗るため、乗船準備をしていたところを、別の朝鮮人二人組に襲撃され、拳銃を撃ち込まれて暗殺されてしまった。

暗殺した二人は、新聞を見て祖国が馬鹿にされたと激高した両班の子せがれだった。1909年には伊藤博文もハルピン駅頭で暗殺された。伊藤もスティーブンスも、朝鮮を完全に植民地化することには反対で、インフラを整備して指導すれば、ある程度のところで自立できるだろうと考えていたが、暗殺を境に、こんな度し難い連中では仕方がないと、完全に日本の指導下に置き、併合という形になってしまった。

これが間違いで、あんな国には今だって、誰も手を出したくない。日本人は米国がフィリピンでやったような苛烈な支配をせず、甘さを出して併合したから、200万人の朝鮮人がどっと日本になだれ込んできた。米国が狙った通りの重荷は現在も日本に重くのしかかっている。

米国はセオドア・ルーズベルトの時代から、日本をいつでも潰せるよう、長期作戦を立てていた。シナに武器を援助して日中戦争を泥沼化させる一方で、新聞を使って世論工作を進めた。プリンストン大学の心理学者、ハドレー・カントリルの世論測定のプログラムを、ギャラップ社のジョージ・ギャラップの協力で全国規模で実施している。世論調査を通じて、世論を武器に政治動向を変えてしまう手法だ。F・D・ルーズベルトはカントリルのプログラムを、ヨーロッパの戦争への中立を圧倒的に支持していた世論を英国支持に変化させ、国民感情を米国参戦へ向けるために使用している。

米国は西安事件の後、中国をけしかけて、盧溝橋で撃たせ、東京の不拡大方針に挑むかのように通州事件を起こさせ、上海で海軍陸戦隊の大山勇夫中尉を惨殺させ、第二次上海事変を起こして日中を全面戦争へと導いた。その時期のギャラップの世論調査がすごかった。新聞を使った世論誘導もあったが、日本と中国の好感度調査では、中国が好きという回答が76％に対し、日本が好きという回答はなんと1％。サダム・フセインの独裁政権ですら操作不可能な数字だ。日本を悪とする世論を作り上げるために、新聞がいかに書き立てたかわかる。「新聞は権力に対抗する」という建て前の宣伝文句は嘘で、少なくとも米国の新聞は戦争を創るべく世論を煽ってきた。

日本の評判が1％に落ちるよう新聞に書かせ、ほぼすべての米国人が日本人嫌いになったところで、日本に最後の圧力をかけ、開戦に踏み切らせた。１９４１年11月26日、極秘裏にハル・ノートを突きつけたルーズベルトは、日本ではなく米国議会や新聞に対して、12月2日に対日制裁の緩和や天皇との会談のプランがあると述べる。日米開戦は米国時間で12月7日だから、すでに南雲艦隊はハワイへの道半ばにあった。日本艦隊がいよいよ動き始めた時に、近衛文麿内閣の時代から日本が求め続け、首相まで代えて打開を目指したのに、米国が返事もせず拒否してきた首脳同士の対話に言及したのは、明日に控えた真珠湾攻撃を一切知らなかったとするアリバイ作りでしかなかった。

いかにも自分たちはイノセントな善意の国家を装い、突如真珠湾を奇襲され、驚いたフリをする。日本がこれほど卑劣な国とは知らなかったというわけだ。ルーズベルトと議場に立った下院議員ハミルトン・フィッシュは「気の触れた悪魔、日本を直ちに叩き潰せ」と演説し、かくて日本は汚名を着せられ、東京大空襲から原爆まで浴びた。

もっともフィッシュはやがてハル・ノートの存在を知り、「議会も米市民も彼に騙された」「（ルーズベルトは）何が何でも戦争をしたかった」、真珠湾の責任を取らされクビになったハズバンド・キンメル（米太平洋艦隊司令官）が求めた軍法会議を拒否し続けたのも、「軍法会議が開かれれば極秘にしたハル・ノートの存在を公表することになるからだ」と気づいた（渡辺惣樹訳『ルーズベルトの開戦責任』）。

米国がここまで性悪だったかと、開戦の裏側を日本人に気づかせないために、戦後、「日本と中国を戦わせたのはコミンテルンだった」という説も米国は流している。日本人がとても敵《かな》わない米国人の狡猾さだ。

米国には白人国家の代表として日本を叩き潰すという大きな予定があり、セオドア・ルーズベルトも、パリ講和会議で日本の提案した人種差別撤廃提案を葬り去ったウッドロー・ウィルソンも、F・D・ルーズベルトも、その長期計画に沿って動いていた。そんな米国の陰湿な顔を表だって批判されないように、悪はすべて日本人とソ連、コミンテルンに押しつけ、米国は何も知らなかったと言い続けている。もちろん日本の学者も朝日新聞も、悪いのは日本という論調を頑なに守っている。

従中こそ戦争への道、日本は栄光ある孤立を守れ

ルーズベルトの目論見は成功したかに見えた。85％が開戦反対だった米市民は進んで志願し、戦場へ向かった。おかげでチャーチルを助けてナチをやっつけ、日本も潰して戦後世界に不動の地位を築けた。

それなのになぜ、日本を憎み続けるのか。ルーズベルトは真珠湾の後、「日本を直ちに叩き潰す」準備を整えていた。40機のB17「空飛ぶ要塞」と、英戦艦プリンス・オブ・ウェールズの太平洋配備だ。B17はすでに欧州戦線に投入され、独戦闘機も落とせない、逆に相手機を撃墜する爆撃機だった。日本にはろくな航空機もない、歯牙にもかけず主要都市を好きなだけ爆撃して、3か月もかからず降伏に追い込めるとルーズベルトは思っていた。必要なのは開戦の口実だけで、真珠湾が襲われても水深が浅いから雷撃は不可能、米艦隊に被害が出ないのではないかと逆に心配していたほどだ。

ところが予測はすべて外れた。真珠湾では戦艦6隻が沈められ、英国の最新鋭戦艦プリンス・オブ・ウェールズも開戦3日で撃沈された。そしてB17は初めて見る零戦にバタバタ落とされた。3か月で倒すはずが3年もかかった、その間に日本はアジアに広がる欧州の植民地をすべて解放してしまった。英国しかりフランスしかり、欧州各国のアジアの財産が失われた。オランダは国庫を賄《まかな》い、なお余剰利益を生んだインドネシアを失った。そこでは石油はタダで手に入ったというのに、米国の不手際ですべてを失い、狭い本国しか残らなかった。米領フィリピン、フランス領インドシナも消えた。英国も中国やマレー半島の権益、ビルマ、シンガポールを失陥し、「なぜ我々は植民地のままなのか」と騒ぎ出したインドも、セイロンまで失った。パプアニューギニアに勢力を張っていたオーストラリアまでやられた。

白人国家が戦後、みな貧乏になった憎しみは、大東亜戦争を戦った日本人に向けられ、その「罪」は「白人以上に残虐だった」とする嘘の世界史となって流布されている。

スイスの国際経営研究所名誉教授で経済学者のジャン・ピエール・レーマンは「欧州諸国は植民地を失い、おまけに捕虜に取られ、使役までさせられた。その仕返しもしていない」「しかし米国はいい方だ。彼らは原爆を落として幾分その恨みを晴らしたから」。英国もオランダも、黄色人種に捕虜にされ使役された恨みをまだ晴らしておらず、日本に対し、まだ報復が終わっていないと言う。

それが欧州諸国の本音だから、米国の占領統治は日本を再興させないために行われた。日本を破綻国家のままにしておくのが、マッカーサーによる戦後処理であり、そのための縛りがマッカーサー憲法だ。

マッカーサーが1947年3月に「占領目的はすでに達成している」と語った通り、占領政策は2、3年のうちに目処をつける予定だった。なぜならマッカーサーが共和党から大統領選に立候補し、当選するつもりだったからだ。慌ただしく財閥解体と重化学工業の解体、公職追放、農地改革を済ませ、憲法9条も作って実績は充分、いざ大統領にと勇んだものの、まさかの泡沫扱いで予備選挙に落選したのが3年目。日本にとどまるしかなくなり、独立を遅らせた。

マッカーサーはあり余る時間を、ルーズベルトが駐米英公使ロナルド・キャンベルに語った、「日本人を4つの島々に隔離して衰亡させる」という政策を、実行することにした。その使徒が朝日新聞であり、NHKだった。

要は侵略戦争の罪を償わなければならないと、日本人の非をあげつらい、自信を喪失させ、自分たちは12歳程度だと洗脳し、再び立ちあがる精神力を奪おうとした。渡部先生との対談は、この戦後世界史の流れをいかに逆転させるかをめぐって展開される。

日本を叩き潰そうとしたのは、米国なのか、それともコミンテルンか。ソ連とスターリンにとり、かつて日露戦争で敗れた報復はしたいが、日本という強力な国家を、何とか自陣営の役に立てたいというのが本音だった。高度な技術を持つ隣国が灰燼《かいじん》に帰するのは得策ではない。その思惑は今も変わらず、プーチンは、グローバル化で破壊された日本ではなく、まともに機能する国家のまま取り込みたいと考えている。ロシア人は、日本人が日本人であることを許容し、自らの側につくよう求めてきた。

問題は、グローバリズムや「日本によるアジア破壊についての簡潔な報告」の悪だくみは、ロシア人でなくアメリカ人が好む考え方だという事実である。植民地時代は二度と帰らない、全白人の怨念をぶつけて日本を貶めないと気持ちが収まらない。そんな米国を信用して、安全保障をゆだねてきた日本人はお人好しというより愚昧《ぐまい》の一語に尽きる。しかし、今や米国は、中国の軍事的増長を受けて、日本軍のプレゼンスの復活を希望している。かつて吉田茂が拒否した「アジアの紛争処理係・日本」を実現したい腹だが、ちょうどいい。この機を逆に利用して日本がまともな国に立ち戻り、陰湿なアメリカ人に釘を刺し、中共に身のほどを分からせるのは大事なことだ。

渡部先生と一致したのは、孤島という地政学的な背景があるからこそ、日本にそういう歴史的役回りが回ってくる点だ。朝日新聞の常套句《じょうとうく》に、「国際社会から孤立するな」がある。よその国と仲良くなりたい、外国によく思われたいという思考が、世界の悪辣《あくらつ》さを知らない日本人を誤らせてきたのは間違いない。

日本は絶海の孤島のまま、栄光ある孤立を守るのがいい。例えば日本の産業用ロボット、工業機械類の対中黒字が拡大している。中国は習近平の音頭で「メイド・イン・チャイナ2025」、世界に誇るメイド・イン・チャイナを目指すというが、ボールペンの軸先のベアリングの自国製造がようやく2017年に可能になった。でも値段が合わないので、日本製が依然として席巻している。今なおその程度の技術水準しかない。

盗むかコピーすることがメインで、先端技術を導入し生産性を高めるには日本製の機械を入れるしかない国が「2025年までにものづくり世界一」というのは、完全にフェイクだが、朝日新聞は、日本は中国に従い、2位でいけばいいという論をふりまく。丹羽宇一郎や添《そえ》谷《や》芳秀《よしひで》（慶大教授）にそう紙面で語らせた。日経新聞も同じで、中国に協調し従うことにこそ、日本の生存の余地があるという。

ところが、日本が中国の下に入って生存を目指すとすれば、国際秩序はどうなるか、占った本をサミュエル・ハンチントンが書いている（『文明の衝突』）。ハンチントンは日本が中国に追従する道を選び、中国はアラブ諸国と手をとり、それで白人諸国と全面戦争となる第三次大戦を予測している。日本は再び、前にも増して徹底的に破壊されると。

ハンチントンが馬鹿なのは、日本人が朝日新聞のいうように、結局は中国に従う道を選び、手を結ぶと思っているところだ。対談でも触れたが、戦前の日本人は、中国を育てて手を携えようとしたことがある。日本に留学生が1万人も来た。当時は「日中が手を携えれば、世界のヘゲモニーを獲らないと誰が言えるか」（ムッソリーニ）と、白人国家は思っていた。これが黄禍論で、中国と日本を分断させるのは白人世界の当面の大仕事だという共通認識だった。

今となっては、日本人の中国ぎらいは完全に徹底し、ハンチントンの予測は当たらない。日本が中国の臣下となることこそ、戦争への道だ。もはや戦後のように、日本人が中国への「侵略戦争の負い目」で、おせっかいを焼くこともない。筑波大学教授の古田博司が提唱した「教えず、助けず、関わらず」の「非韓三原則」は、むしろ中国にも完全にあてはまる。

歴史を見れば、日中関係が一番うまく行っていたのは毛沢東時代だった。中国が鎖国状態にあって、中国人は外には出られなかった。だから日本国内に中国人犯罪者を見ることもなかった時代だ。

もっとも、すでに「三原則」は実現しつつあるかもしれない。韓国とはもう完全に切れつつある。日本風に言えば村八分で、火事と葬式だけの付き合い。オリンピックはお祭りだから、顔だけは出してやってもいい。他は火事と葬式だけ、災害があれば救難援助くらいはしてもいい。それは中国についても同じで、新幹線の例もあるように、日本が彼らに教えていいことは何もない。わざわざ出向かなくても、彼らが高い技術が欲しければ向こうから日本にやってくる。こちらは地政学的な利点を生かして、来たものの中から選択して相手をすればいい。もう中国に教える時代は終わった。

朝日新聞は、「陰湿な米国」を代表する新聞メディアと結託して、共産主義を褒めてみたり、グローバリズムを持ち上げたりしてきた。ところが今、世界の流れが大きく変わってきた。グローバリズムよりナショナリズム、国際化は自分の国があってこそ可能になると、思想的に気づいてしまった人々が増えている。トランプは「アメリカ・ファースト」に舵を切る。インドのモディも、トルコのエルドアンも同じだ。

メルケルもドイツの国益を第一に考えていて、どこまでも国際化するつもりはない。今、国際化の波に乗って、グローバリズムの先頭を走ろうとしているのは、習近平だけだろう。

英国は苦境にあるが、ＥＵからのブレグジットを選び、米国との関係を強化しようとしている。かつてＥＵのメンバーとしてドーバー海峡にトンネルを通したら、たくさんの難民が流入してきた。それでゲートを閉めた。これは日本にとってもいい教訓だ。日本は孤島のまま、朝鮮半島から漂着するのは死人だけで充分だ。もし韓国人が望んでやまない関釜トンネルが出来てしまえば、戦前の日帝時代と同じに南からも北からも何百万もやって来てしまう。結核や寄生虫のみならず、武器を持った連中が大挙して押し寄せたら、一大事だ。

日本はもう、どんなことをしても国際化できない。いくら英語をやれと言われてもできなかった。英語でなく自国語で書いた論文が世界で通用するのは日本だけ。そんな国はすごく貴重だし、国際化を是とする流れが長く続いても、結局変わらなかった日本の存在意義は、プーチンも認めるように、世界の中で一つの指標になっている。戦後長い間迷走してきたが、安倍が新たなモデルを作って、世界に打ち出したかたちだ。

グローバリズム、あるいは国際主義は、日本では結局、知識人を名乗る世間知らずの〝有識者〟の空理空論で終わる。共産主義もまったく同じだった。朝日ＯＢの長谷川熙《ひろし》は、朝日の社内では石を投げればマルキストに当たると言ったが、マルキストもグローバリズムにもろ手をあげて追従してきた。

世界中で誰よりも先に、共産主義の危険性といやらしさを知って、例えば治安維持法を導入したのは日本だ。ウィリアム・Ｊ・シーボルドという、マッカーサーの右腕が、「With MacArthur in Japan」（『日本占領外交の回想』）という本の中で、政治家も経済人も新聞記者も、会う日本人すべてが、二言目には共産主義に気をつけろと言ったと書いている。

当時、アメリカ人はまだ共産主義に幻想を抱いていた。だから徳田球一を獄中から出したりして、その愚にやっと気づいたのは朝鮮戦争の前になってからだ。共産党を非合法化して、また収監を始めた。アメリカ人は気づくのが遅い。戦前の日本が、真っ先に共産主義の危険性を察知して世界に発信したが、世界が反共に転じるのは冷戦になってからだった。

対談のあちこちで語ったように、日本はいろいろな側面で世界史のイニシアチブをとってきたし、今次のグローバリズムも、日本だけが対応せずに終わった。中国に進出した日本企業も、日本に戻りつつある。中国はグローバリズムで生きる以外に道がなく、盗みとコピーで安価なものを作るしかない。その中国から距離を置き始めたのもやはり、日本が早かった。米国はヒラリーやキッシンジャーを見ればわかるように、いまだにズブズブだ。日本企業の勝ち組は、中国に進出しなかった企業だと、中国通の矢板明夫が言っている。海外進出したのが足かせになり、企業がもだえ苦しむ時代になった。

そういう真実が、これからどんどん明らかになっていく。朝日新聞が自分でも気づかないまま日本を貶め、日本人に自信を失わせようとしてきたのが大いなる間違いだったし、陰湿な米国の指針に沿って国際化を叫んできたのも、結局、方向を見失ったグローバリズムになりつつある。

対談で明らかになったように、グローバリズムも共産主義も、ナショナリズムの対極にあり、日本人にとっては体質的に受け入れられない、異様なものでしかなかった。そのことに早く気づいてほしいというのが、渡部先生が我々に遺した、最後のメッセージといえる。

第一章　安倍政権の世界史的使命

逆転を始めた世界史

渡部　安倍晋三氏が総理大臣に返り咲いて、ようやく日本の首相が、国際政治の世界で存在感を示す時代がやってきました。

就任当時は内外のマスコミから総攻撃を受けて、歴史を歪曲するリビジョニスト（修正主義者）とか、強固なナショナリスト、軍国主義や極右だと言われました。

しかし世界百か国以上の国々を歴訪し、米国議会で岸信介首相以来の演説をするなど、たいへんな努力を重ね、誤解と偏見をみずから払拭したのは立派です。

トランプ新大統領との関係も良好です。一緒にゴルフをする安倍首相の姿は、祖父の岸元首相に重なります。

昭和32（1957）年6月、アイゼンハワー大統領は訪米した岸さんをゴルフに連れ出し、「大統領になると嫌なやつともテーブルを囲まねばならないが、ゴルフは好きなやつとしかできない」と記者団に語りました。

当時、岸さんとアイゼンハワーがゴルフをする様子を新聞で見た私は、はじめて日米が対等になったと感じたものです。

それまで占領軍のマッカーサー元帥を前にした日本の首相は、家来のようなありさまで、まだ占領下という意識が強かった。日本に友好的な政策を打ち出してきたのは共和党政権でしたが、中でもアイゼンハワーはトランプ大統領と同じく、政治経験がなかったことは重要でしょう。


髙山　トランプのカウンターパートが安倍首相だったのは僥倖《ぎょうこう》です。もし日本が民主党政権のまま、例えば菅直人が首相だったらどうなっていたか。

日本にとって、日本の民主党だけでなく米国の民主党政権もまた、鬼門です。民主党のトルーマンが許可しなかった日本への世界銀行の融資を、共和党のアイゼンハワーが認めたおかげで、東名高速、名神高速を建設し、新幹線が走って、東京オリンピックが開催できました。

沖縄が返ってきたのもニクソンのおかげです。

いま、世界の首脳が安倍首相に会いたがっています。当初、あれだけ批判されていたのが信じられないほどです。ロシアのプーチン大統領、インドのモディ首相、フィリピンのドゥテルテ大統領など数多くの首脳が来日しました。

2016年の5月に伊勢志摩サミットがありましたが、伊勢神宮と同じで、日本は黙っていても向こうから訪ねてくる国なんです。今後も「安倍詣《もう》で」は続くでしょう。

渡部 あのサミットで、G7の首脳たちを伊勢神宮に連れていったことは象徴的でした。

サミットは従来、サロン的な色彩が強かったわけですが、安倍さんは用意周到に各国を事前に回って、大臣会合を積み重ね、世界経済の下方リスクに迅速な協調政策をとることで合意したほか、東シナ海・南シナ海の状況を懸念し、平和的手段で紛争解決を追求すること、核・ミサイル開発を進める北朝鮮に国連安保理決議の履行を強く求めるメッセージを発出しました。安倍首相が実質的にリーダーの役割を果たした成果です。

トランプ大統領との関係でも、安倍首相が本当に世界的なリーダーであることが証明されました。もっとも息の長いリーダーで、しかも安定政権を築いているのが安倍さんです。

髙山 オバマ時代に安倍さんを「ナショナリスト」と批判し、これまでグローバリズム推進役だった米国が、その役を降りるという選択をしました。

トランプの道は正しいと思います。

渡部 暴言を除けばね（笑）。選挙前、マスコミはみな「反トランプ」で、ほとんどの新聞がヒラリー勝利を予想していましたから、アメリカのマスコミは赤っ恥です。

選挙後も移民制限や対ロシア外交などで、トランプ政権とマスコミは鋭く対立しています。アメリカのマスコミはトランプ政権の主張を真実ではない「オルタナティブ・ファクト（もうひとつの事実）」「ポスト・トゥルース（真実は関係ないとする態度）」だと非難し、トランプ側はメディアこそ「フェイク（偽の）ニュース」だと応酬しています。

2016年11月、ニューヨークのトランプタワーでの初会談で、安倍さんは「あなたと私には共通点がある。あなたはニューヨーク・タイムズ（NYT）に徹底的に叩かれた。私もNYTと提携している朝日新聞に徹底的に叩かれた。だが、私は勝った」。

これを聞いたトランプは右手の親指を突き立てて「俺も勝った！」と意気投合したと報じられていました。

これまでグローバル化を推し進めてきたアメリカに「反マスコミ」「反グローバリズム」の大統領が誕生したことの意味を、考えたいと思います。

グローバル化の変調

渡部　過去数十年間、アメリカ企業が安い労働力を求めて低開発国に進出した結果、1%の大金持ちと99%の貧乏人に分裂し、中産階級、つまり生産活動をする「皆の衆」がいなくなってしまいました。

アメリカ式に言えば、メインストリートの人々がウォールストリートの人々と対立するようになった。メインストリートの人々が働くべき工場は、こぞって中国やメキシコなど低賃金の国に移ってしまい、仕事がなくなったわけですね。これがグローバル化です。

1%だけが儲ける流れが、いまや逆転を始めました。「皆の衆」がトランプに投票し、雇用を重視する政策を支持しています。

高山　米製造業の空洞化を表す数字として、ウォルマートで売られている商品の75%が中国産といわれます。もう我慢の限界だと、一般の米国市民が逆襲に出た。このことを歴史的なスパンで考えてみる必要があると思います。

最近話題になった『例外時代――高度成長はいかに特殊であったのか』(An extraordinary time: The End of the Postwar Boom and the Return of the Ordinary Economy) マーク・レビンソン(Marc Levinson) という経済学者の本があるんですが (その後みすず書房から訳書)、それを読んで考えたことがあります。

アメリカ経済は1929年から33年の大恐慌の後、F・D・ルーズベルトがニューディール政策を実施してもまったく浮上せず、失業率はむしろ悪化するほどでした。

そこでルーズベルトは、経済を立て直すためにドイツと戦争するしかないと考え、その開戦の口実に日本を選びました。

渡部 戦前、大恐慌から景気を立ち直らせることに成功したのは、ヒトラーのナチス党政権と日本だけでした。

高山 ルーズベルトは1944年に死去しますが、戦争が終わってから実際にアメリカ経済は黄金時代に突入します。失業率は大恐慌以前の水準に下がり、経済は右肩上がり、生活水準も年率3%増というペースで豊かになっていった。

レビンソンによれば、そのピークが1973年だったと指摘されています。私はたまたまその年、取材で訪米したのですが、当時のアメリカは輝いていました。

渡部　私は1968年から69年に招聘《しょうへい》教授としてアメリカに滞在しました。

はっきり覚えていますのは、当時、上智大学の給料が手取り6万円でした。日本の場合は保険や税金を差し引かれた金額ですから単純比較はできませんが、アメリカに行ってみると、手取りが36万円でした。日本の半年分の給与が、ひと月で入ってくるわけですから、驚きましたね。

それこそ輝くばかりの豊かさを謳歌《おうか》していましたよ。治安もよくて、学生たちが駐車場にキーを挿したまま車を置いていく。

私はよく一人で、夜、プールまで歩いて泳ぎに行っていましたが、何の不安も感じませんでした。それが変わっていったのはベトナム戦争以降でしょう。

髙山　本当に豊かでしたね。私は航空機産業の取材で、ロッキード社を訪れました。ロッキード事件が発覚する3年前です。

カリフォルニアのパームデール北東部のアメリカ空軍プラントに、ロッキードやボーイングなど各社が拠点を構えて、スペースシャトルや軍用機、トライスターのような旅客機の設計・組み立てを行っています。

そこに向かう途中の道路のすぐ横に、もう一本、車が走っていない道がある。あれは何だと聞いたら、サンアンドレアス地溝帯に近い場所なので、局地的な地震があって橋が落ちたらしい。それを直せばいいのに、わざわざ別に新しい道路を建設したというのです。

パームデールの取材中、ダラス・フォートワースの空港管制がすごいという話を聞き、行ってみたいと言ったら、すぐにロッキード社が小型ジェット機を仕立てて、我々記者団をダラスへ連れていきました。

ロスに戻ってホテルに入ると、フロントで隣に「刑事コジャック」のテリー・サヴァラスがいて驚いたり、そんなアメリカの豊かさのピークが73年、米軍がベトナムから撤退した年です。その後は、戦争をしても儲からない時代に入っていった。

当時すでに「糸と縄の交換」といわれたような、日米繊維協定の締結と引き換えに沖縄を返還する交渉をしていましたが、アメリカ経済は次第に「双子の赤字」がひどくなり、経済的な豊かさの拡大がピタリと止まって、ミドルクラスが凋落していく。

アメリカ政府はルーズベルトと同じように、「儲かるはずの戦争」を繰り返しました。湾岸戦争、アフガン戦争、イラク戦争……ところがちっとも儲からない。かえって経済の傷は大きくなり、40年あまりが経ちました。

レビンソンは、2016年の大統領選で投票した有権者の60%が、1973年の豊かさを身をもって知っていると指摘しています。彼らは、豊かさの頂点から、ずっと経済の下り坂を経験してきたわけです。

渡部　戦争すれば景気が回復すると、アメリカのリーダーは思い込んだわけですね。もうひとつ、工場を外国へ移転する習慣がついてしまった。

高山　奴隷工場のつもりで中国に進出したんです。米国と中国の共通点として、国家の本質に「奴隷経済」がある。

アメリカ史をひもといて驚くのは、メイフラワー号がアメリカに着く前年の1619年に、すでに「奴隷市場」ができていたことです。

アメリカは奴隷解放宣言の1863年まで、244年もの長い間、奴隷売買を続けていました。黒人奴隷を経済の「動力」として酷使し、移民を安い労働力として使い捨てにしてきたのです。

経済成長で国内の労働コストが高くなり、製造業でこき使う「奴隷」が枯渇した。困った米国が世界を見渡すと、かつての自国とまったく同じ構造の国がありました。中国です。

毛沢東時代のように労働者や農民を土地に縛りつけてこき使い、死ねば田畑に埋め、肥料の代わりにするという「奴隷工場」が中国経済の原動力です。現代にいたるまで、あれほど民衆を体制の犠牲にしてきた国はありません。

北京だけで1000万人も、タダ同然の労働力を抱えていた。そこで、中国の奴隷を労働力として「使わせてもらう」ことにしたんです。

だから習近平だとか胡錦濤、江沢民というのは、米国と手を結んだ奴隷工場の工場長、中国人奴隷を監督するボスですよ。これが米中蜜月のスタートでした。

アメリカの指導層は、自国の民衆を捨ててきたわけです。リーマンショックの時に「1％対99％」と言われた通り、莫大なカネを儲けるほんの一部分の人たちが新聞を、そして政府を動かして、勝手に戦争を起こしてきた。

イラクやアフガニスタンで3000人、5000人のアメリカ兵を死なせて、我々は世界の警察官としての務めを果たしている、という体裁を取り繕う。でも、死傷するのは給料の上がらない貧しい市民ばかりです。

渡部　ひどいですね。それも中国に工場が大量に出ていったのが大きいですな。

中産階級というのは生産する階級です。もっとも雇用者数の多い生産の場は、なんといっても工場でしょう。それが低賃金を求めてどんどん外国へ行った。

それとともに、アメリカの中産階級が消えていきました。経営者が、儲けるためなら安い労働力があるところへ工場を建てればいいという、安易な行動をとったからです。
それが中国を大国にしてしまった。何年も前に、「タイム」か「ニューズウィーク」だったか、世界一の衣料品会社を批判したことがありました。「この会社は中国に奴隷制に基づく工場を建てた。自分たちは監督するだけで、中国人を奴隷同然に扱っている。そんな会社の製品はアメリカから追放しなければならない」と。

高山 その通りです。あの国で自由経済などというのは、まがいものでしかありません。現在も、中国人は共産党の一党独裁を支えるために汗水垂らして働き、いっさいの反抗は許されない。
中国人民はずっと奴隷のままです。まあそれ以上になってもらっても困りますが。

渡部 なるほど（笑）。裸官《らかん》と呼ばれる中国人腐敗官僚も、汚職で蓄財した何億ドル、何十億ドルというカネを持って、家族を先に住まわせているアメリカに逃げているじゃありませんか。あんな国もちょっとないですな。

高山 奴隷労働の搾取で儲けた中国人がアメリカに逃げてきて、どんな羽振りの生活をしているか、給料が下がりっぱなしのアメリカ市民はよく見ているわけです。俺たちが職を失った代わりに、中国がのし上がってきた、と。

しかも中国人の金持ちが米国に逃げてきた、腐敗のからくりも承知している。

トランプの移民規制政策を、リベラルなメディアやヒラリー支持派が批判して、目先のヒスパニックや不法移民に矛先を向けるのは、中産階級の目をそらす、一時しのぎのまやかしだというけど、私はそうは思いません。

レビンソンがいう通り、一般のアメリカ市民には40年以上の不満の蓄積があるわけだから、もう爆発していい時期だということです。

渡部　今の体制のまま、クリントンにやらせるのはイヤだ、ということですな。我々がアメリカにいた頃は、ウォールストリートの人々とメインストリートの人々が離れていなかった。それがグローバル化によって分断されました。

象徴的だと思いましたのは、2011年9月に始まった、メインストリートの人々がウォールストリートを占拠する、というデモです。ああいうことは、我々が行った頃のアメリカにはなかった。

高山　ウォールストリートが表立って政治に関与しているとはっきり分かったのは、2008年のリーマンショックです。あれで米国民に隠してきた実態が知れ渡ってしまった。

渡部　アメリカという国を分断したのは、グローバル化を進めた1％の人々とマスコミですが、彼らはトランプこそ分断の元凶だと煽っています。

この争いからも、グローバリズムの終焉が見えてきたのではないでしょうか。

トランプは「反ウォールストリート」であり、99％の側に立つメインストリート派として、有権者、特に白人の労働者階級に支持されていますが、移民や、キリスト教以外の宗教に配慮する「ポリティカルコレクトネス」のために、マスコミの宣伝にかき消されて黙っている「隠れトランプ派」が多いようです。

グローバル化の変調がどうなるのか、今後のアメリカを考える上で、見逃せない要素だと思いますね。

「メディア専制」の終わり

髙山　先ほどトランプの選択は正しいと申し上げましたが、その兆候はメディアとの対立からも読み取れます。

19世紀初めにアメリカを観察したフランス人政治思想家、アレクシス・ド・トクヴィルが、アメリカの民主政治を評価しつつ、一つ危険があると言っていました。有名な「多数派の専制」です。

「アメリカ連邦では、多数者は事実を動かす巨大な力と、これとほとんど同じくらい偉大な世論の力とをもっている。多数者がある問題について一旦形成されると、多数者の前進はとても阻止できないし、（中略）多数者が前進の途中で蹂躙《じゅうりん》し破砕する人々の不平に耳を傾けるだけの余裕も、多数者には残っていないのである。このような事態の諸結果は、将来にとって有害であり、そして危険なことである」（『アメリカの民主政治』井伊玄太郎訳）と、アメリカの将来を危惧している。

世論をつくるのは新聞、今でいうマスコミだと書いてあります。民主政の名のもとに世論を操作して多数派を僭称《せんしょう》する、メディア主導の専制こそ、歴史的にみたアメリカ政治の実態です。

トクヴィルはすでに19世紀に、新しい時代をリードしているように見えるアメリカ政治が、メディアによる専制政治に陥り、混乱する可能性があると指摘していましたが、トランプがマスコミから手ひどく攻撃された２０１６年の大統領選挙やその後の政権運営は、そのいい例でしょう。

渡部　ほとんどすべてのメディアが、反トランプです。

高山　あれは、メディアの専制政治が実際に行われてきた証ですよ。

これまでマスコミは、やりたい放題に政治を動かしてきました。ニクソンを悪役にして攻撃をつづけ、ウォーターゲート事件でとうとう引きずり下ろした。アイゼンハワーの政治家としての評価も、あんな馬鹿はいない、「何もしない大統領」だと謗《そし》っていたわけですから。

実態は違います。例えばインターステイト・フリーウェイ（州間高速道路）をつくったのはアイゼンハワーでした。国内に4万マイル以上の幹線道路網を張りめぐらせるという、史上最大の公共事業プログラムを実施したのは、軍人時代に、東海岸から西海岸までアメリカ大陸の横断輸送に62日もかかった経験があったからです。「ルート66」の時代ですね。州間高速道路を整備したおかげで、早ければ3日間ぐらいでたどり着けるようになりました。核の平和利用を日本に認める政策転換を行ったのもアイク政権です。

トランプは、メディア専制の時代に終わりを告げるアメリカ大統領ですが、実はその先駆者は日本の安倍政権だったことは重要でしょう。

２００6年から7年にかけて、あれだけマスコミから叩かれ、総攻撃を受けて退陣した安倍晋三が、２０１２年12月に首相に返り咲くまでの流れをふりかえると、一種の奇跡としか思えない面がある。

渡部　そうです。民主党政権の時は毎日ハラハラしていましたから（笑）。

髙山　一度は病気で政権を放り出した安倍首相が、再度総裁選に出た当初、1位が石破茂で、2位が石原伸晃、3位にやっと安倍晋三という下馬評だったのに、あれよあれよという間に大逆転して、総裁になりました。

総裁に選ばれた安倍さんが、真っ先にやったことは、朝日新聞を筆頭とする大マスコミへの挑戦でした。

具体的には２０１２年11月30日、日本記者クラブ主催の党首討論会で、当時野党総裁の安倍さんは朝日新聞の星浩記者に「慰安婦問題」を質された。安倍さんはこう答えています。「星さん。慰安婦問題はあなたの朝日新聞が吉田清治という、詐欺師のような男が作った本がまるで事実かのように、日本中に伝わっていったことで、この問題がどんどん大きくなっていったんじゃないですか」「その中で果たして、人さらいのように連れてきた事実があったかどうかということについては、それは証明されていない、ということを閣議決定しています。ただ、そのことが内外にしっかりと伝わっていない、ということをどう対応していくか。ただ、これも、対応の仕方によっては真実如何《いかん》とは別に、残念ながら外交問題になってしまうんですよ。ですから、新聞社のみなさんにも、そこは慎重になってもらいたいと思います」と言いました。朝日新聞こそフェイクニュースを流した元凶じゃないのかと名指ししました。

民主党政権が、最悪の国政運営を「これでもか」と繰り返したのも確かですが、それにしても安倍さんが難病を克服して堂々と朝日新聞を糺《ただ》し、ついには吉田清治の嘘を認めさせました。自虐の下り坂を脱した展開を見るにつけ、安倍再登場は天祐という言葉も浮かんできます。

今度は総裁任期を事実上無期限に延ばしましたし（笑）、本当に今までありえなかったようなことが、バタバタと起きています。

渡部　安倍さんは政権復帰後、あれだけ朝日新聞を筆頭とするマスコミから批判され続けながら、選挙で勝ち続けています。

２０１２年12月、14年12月の衆院選、13年7月と16年7月の参院選と四連勝したのをみれば、本当の敗者はマスコミということになりますな。

高山　ですからその意味でも、歴史の逆転が始まっています。やりたい放題のメディア専制に、前代未聞の挑戦を始めたトランプの先例を作っていたのが、日本のメディア専制に一度は叩き潰された経験のある安倍首相だったことは、偶然ではないと思います。

「アメリカ主義」はもう限界

渡部　トランプさんについては、不法移民を強制送還する、メキシコとの国境に壁を築く、過激派のイスラム教徒を入国させないといった主張ばかり強調されますが、わりとまともな発言は取り上げられないですね。

　穴だらけのハイウェイ、古くなった橋や空港など交通網の国内インフラを立て直すといっています。雇用が増え、失業者が減り、豊かな生活を取り戻そうとする内向きの政策をアメリカ国民は歓迎しています。

高山　元のアメリカの輝きを取り戻そうといって内向しているわけですから、その限りにおいて歓迎したいと思います。アメリカ人が世界に出ていくのは、害悪ですよ。

ヒラリーがなぜ退場したか考えてみると、彼女は「アメリカ主義」に乗っていた側面があります。

アメリカ主義とは何か。先ほどのトクヴィルが、黒人や先住民、インディアンは「圧制の惨禍」に置かれていると書いています。白人のアメリカ人にとっては人間と動物との関係に等しく、役に立たなかったり、逆らえば処分していい。事実、そうやってきた。

もちろん後になって、家畜扱いだった黒人や、先住民や有色人種も市民と認めざるを得なくなりましたが、問題はアメリカ白人の正義、「マニフェスト・デスティニー（白人としての明白な運命）」をうたって先住民を皆殺しにしつつ、黒人奴隷を強制労働させ、資源をすべて奪い、必ず豊かになっていく道を歩んだことです。

米墨戦争でメキシコから領土を奪い取って太平洋への出口カリフォルニアを手に入れ、さらにハワイを脅し取り併合、米西戦争ではフィリピンを侵略して、抵抗したフィリピン人は徹底して殺しました。

日本も多少手間取りましたが、結局、叩き潰しました。日本のことは後章で詳しく話しますが、アジアの次は中東です。1953年にイランのモサデク政権を転覆させて、内政干渉に手を染めます。

イギリス系のアングロ・イラニアン石油会社が独占していた石油産業を、首相になった民族主義者のモサデクが国有化政策で奪還すると、ＣＩＡは大量の資金を投入して、政府転覆の秘密工作（エイジャックス作戦）を実行、民主的に選ばれた政権をクーデターでひっくり返し、意のままになるパーレビーを王座に復位させました。

モサデクは失脚、投獄され、自宅軟禁中に死にます。

その後も、アメリカの中東支配のやり方は同じで、中東をまとめる力のありそうな指導者はすべて排除する。私はサダム・フセインが好きで、こんな立派な男はいないと思っていました。

渡部　イラクという国家はサダム・フセインによって安定していました。それをあんな惨めな姿にさせ、犯人を裁くように処刑したのは誤りで、もっと丁重に扱うべきでした。

髙山　サダムがイラン・イラク戦争をやれたのは、国が安定していたからです。

石油の国有化で得た国庫収入をもとにインフラを整備し、農地を解放して自作農を増やしました。さらに女性を家の外に出して、学校に通わせます。

脱イスラムとアラブ民族主義を掲げた彼の下に、石油の9割を握るアラブ諸国が団結してしまうのは、欧米にとって悪夢でしかありません。

そこで米国が因縁をつけてイラク戦争を仕掛け、捕えてしまった。バグダッドにシーア派政権を据えて、サダム・フセインはその敵であるスンニ派の領袖という、低次元の宗派対立に仕立ててシーア派に処刑させてしまったわけです。

おかげでその後、イラクではスンニ派とシーア派が殺し合いを始め、クルド人も独立を叫び、混沌の世界になってしまいました。

石油を牛耳る白人諸国が恐れた、アラブの結束を叩き潰すことに成功したわけです。

ヒラリー・クリントンは国務長官時代、「アラブの春」と称して安定していたアラブ諸国を掻き回しだした。2011年にチュニジアのベン・アリ独裁政権を倒し、エジプトのムバラクを辞任に追い込み、リビアでは政権を崩壊させてカダフィを殺し、次にシリアのアサド政権も潰そうとしました。これが「アメリカ主義」のシナリオです。

イラク以外にもこれまで、チリのアジェンデ政権やパナマのノリエガ独裁政権などを無法に打倒してきましたが、それを正当化し続けてきたのも米国のメディアでした。

もう一つヒラリーの弱点は、夫婦そろっての腐敗です。フーマ・アベディンHuma Abedinという第一秘書（元国務省次長）、もし彼女が大統領になったら首席補佐官になるといわれていた女が、実はアメリカ生まれのパキスタン人で、サウジアラビアで育ち、アルカイダ系とのつながりを噂されていたことでした。

2016年6月、大統領選挙戦の終盤、FBIのコミー長官がメール問題でヒラリーを聴取し、起訴をほのめかしたのは、ベンガジ事件と関係があります。

2012年9月11日にリビア・ベンガジの米領事館がアルカイダ系のテロリストに襲撃され、スティーブンス米大使と米国人職員3人が殺害された事件は、当初からアルカイダ系組織による計画的犯行であると判明していましたが、オバマ政権は2012年の再選をめざす選挙運動で、アルカイダの脅威は薄れていると主張しており、2011年のアラブの春以降の北アフリカ政策の失敗を隠蔽するために、メディアを使って、ユーチューブに投稿されたムハンマドを貶める『イノセンス・オブ・ムスリム』という反イスラム動画に対する自然発生的な抗議行動が原因だと、嘘の報道をさせたわけです。

ヒラリーが、その隠蔽工作を私的メールアカウントで行っていたことが、フーマの関連メールが大量に出てきたことで、「やはりそうだったか」と有権者に分かってしまったのです。

フーマがヒラリーと出会ったのは、ホワイトハウスのインターン時代でした。インターンで入ったもう一人がモニカ・ルインスキー、ビル・クリントンにブロージョブをした女性です。

亭主はモニカをつかまえて、ヒラリーはパキスタン系のフーマを取った。彼女をキーパーソンにしてサウジからカネを取り、亭主の関係で中国からもカネを取る。夫婦ともカネに汚い。


渡部　パキスタンとサウジと、中国は近い関係ですからね。クリントン政権時代から、中国系のカネを取っているとよく言われていました。

それで思い出したのは、トランプが「私は口で言うだけだが、クリントンは手を出したじゃないか」と暴言を吐いたことです（笑）。

実際、クリントン陣営には選挙資金として中国系のカネが数百万ドル（数億円）も流入していたことが判明しているし、中国の全国人民代表大会（全人代）代表の企業家が「クリントン財団」に200万ドル（約2億3000万円）を寄付していたことも報じられていますね。

この財団には中国やサウジアラビアなど、圧政を敷く16か国から、最大1億3000万ドル（約150億円）が献金されていたと、AP通信が報じました。

髙山　そう、あの夫婦には江沢民時代からたくさんのカネが入って、米中蜜月を進めていきました。もはや冗談ではすまない汚職を、堂々とやっていた。

ところが、中国やサウジなど問題国との癒着が明るみに出たのと同時に、各国を無秩序と混乱に陥れ、ＩＳ（イスラミックステート）を生む温床を作った「アラブの春」のインチキもバレてしまったわけです。

ヒラリーとその亭主がやってきたことは、インディアン戦争から始まって、世界に害毒をもたらしたアメリカ帝国主義の終着点だという風にも見えます。

渡部　そう、ジャスミンなど美しい革命の名前が並んで、北アフリカと中東の独裁者が次々と倒された時には、何かきれいな社会変革が起きているのかなと思いました。

２００３年グルジアのバラ革命、２００４年ウクライナのオレンジ革命などもそうです。ところがその結果、国内はイラク、シリア、イエメンやウクライナのように、国家の分裂や内戦、さらなる圧政でめちゃくちゃになりました。

髙山　まさにメディア主導の専制で、アラブの春を民主化と称していたわけです。

カダフィ政権が倒されたとき、日本の新聞は米紙に追随して、ＮＡＴＯの空爆を「カダフィ政権の無差別攻撃から一般市民を守るための国連決議に基づく人道介入だった」と書き、殺されたカダフィの遺体が見世物にされると「この街では戦闘で多くの市民が亡くなった。晒しものにされて当然」という反カダフィ派の声を伝えていました。

フセインを倒してイラクを民主化したとか、マッカーサーが日本を民主化したと朝日新聞が称えたのと同じで、「よく言うよ」と呆れるほかありません。

つまり、ヒラリーが敗れたのは、グローバリズムの世界史的な敗北であり、これまで何世紀にもわたって、野放図に、批判を一切受け付けず突き進んできたアメリカ主義が、終わりを迎えたのではないか。

新約聖書で、ガラリア湖に突っ込んでいくブタの話があります（マタイによる福音書8章28－34節、ルカ8章26－39節）。イエスが人にとりついた悪霊をブタに移すと、ブタの群れは崖を下って湖になだれ込み、おぼれ死んだという「ガダラの豚」に、自滅する米国の姿が重なるのです。

渡部　アメリカのメインストリートの人々にも、グローバル化の実態が分かってしまった。政治とマスコミ、ウォールストリートが一体となって、世論を操作してきた「敵の正体」が明らかになったのは、大きなことでしたね。

第二章

崩壊する「米国製の嘘」

アメリカ発「残虐な侵略国家日本」

渡部　いまの日本人は、アメリカとイギリス、そして中国に対して、戦争中、実に悪いことをしたと思っています。

それは教育機関、学界、マスコミがそろって「すべて日本が悪かった」と教え、頭の中に刷りこんできた結果ですが、もとはアメリカの占領政策によって持ち込まれた歴史観です。

少しずつ、日本を本来の姿に戻す動きが起こりはじめていますが、必要なのは、遠回りなようでも歴史観を正していくことでしょう。

高山　私は、現在の日米関係をもう一度、きちんと整理しないと難しいのではないかと思います。

その原点は、昭和20（1945）年9月15日と17日、朝日新聞に掲載された鳩山一郎の談話でしょう。戦争に負けた直後、「〝正義は力なり〟を標榜する米国である以上、原子爆弾の使用や無辜《むこ》の国民殺傷が病院船攻撃や毒ガス使用以上の国際法違反、戦争犯罪であることを否むことはできないであろう」と、きっちり米国を批判したのです。

朝日は当時、進駐軍の目に余る略奪や強姦を厳しく非難していました。そこでGHQは朝日に発行禁止を命じて、さらに事前検閲のプレスコード（日本に与うる新聞遵則《じゅんそく》）を指示、連合国や東京裁判への一切の批判を許さない言論統制が始まる。

朝日はそこで「間違った記事は載せていない」と頑張ればよかったのに、わずか2日間ばかりの「反省」で、すっかり転んだ。

朝日だけじゃない。世界の情報を流してきた同盟通信を解体し、すべての情報はGHQが選択した。

その閉鎖空間でマッカーサーは、真実を伝える代わりに嘘を流し込んだ。米国のでっち上げた「太平洋戦争史」を掲載させ、架空の「残虐な侵略国家日本」を創り上げていきました。

渡部　占領下のあの7年で、戦前の有力者が一斉に追放されたため、思わぬ出世をした人が大勢出ました。

戦中に左翼運動をやって帝国大学を追われた人たちが戦後、大学に復帰して東大や京大の総長・学部長におさまった。日本の敗戦によって利益を得た「敗戦利得者」が戦後の学界とマスコミを支配したといって過言ではありません。

敗戦利得者とその弟子の秀才たちが各地の大学に散って、日本の残虐性と罪を一方的に断罪するGHQのプロパガンダを学生に教え、あるいは高級官僚として、さらに朝日新聞やNHKに入って反日的な歴史観を広めてきたわけです。

髙山　そうですね。GHQは情報を絶った上で、日本人に好き勝手な情報をインプットしましたが、その忠実な道具になったのが「転んだ朝日新聞」でした。

「国民は軍国主義独裁者の犠牲にされ、無謀な戦争に投入された」と日本の中の対立構造を書き続け、同時に米国を「民主主義で良い国」だと書いた。

発禁2か月後の11月11日付紙面には「京都・奈良　無傷の裏」と題して、本当は原爆投下のために無傷で残しておいた京都を「ハーバード大のラングドン・ウォーナー博士が空襲するなと献策した」と書きました。ウォーナーのリストには熱田神宮や名古屋城、広島の広島城など、原爆や爆撃で燃やした城も入っているのに、そんな見え透いた嘘もGHQの威光で信じ込まされたわけです。

朝日はその後も、「アメリカ的正義の代理人」として、日本軍がいかに残虐だったかの米国製の嘘、南京虐殺や泰緬《たいめん》鉄道、バターン死の行進などを非難し続けて、ＧＨＱが占領していた「戦後7年」を「戦後70年」まで持続させることに成功しました。

日本がいま抱えている戦後レジームの問題は、すべてこの「日本人に日本を絶望させる自虐史観の定着」に起因しています。

渡部　かつては朝日新聞の影響力は大したもので、知識人は朝日に叩かれると「ハハーッ」とひれ伏していたものですが、近年はそうでもなくなってきました。

髙山　朝日は黙って米国製の嘘を語っていればよかったのに、直弟子として欧米発の正義と民主主義の言葉を伝える日本一偉い存在だと勘違いしたあげく、詐話師の吉田清治に乗っかってオリジナルの「慰安婦強制連行」を華々しくやった。粗悪な嘘でも通用させられた時代が終わったことを、愚かにも認識しきれなかったのです。

今になってみると、朝日は日本人を中傷して威張っている単なる裸の王様だった。だんだん化けの皮がはがれてきた。そして吉田清治と吉田調書の嘘記事の撤回と木村伊量《ただかず》社長の謝罪、辞任で、世間もやっと納得しました。

引き伸ばしすぎた戦後70年のボロが出て、慰安婦どころか米国製の嘘も次々と崩壊していきそうな気配があります。

渡部　ですから朝日新聞はじめ、敗戦利得者が流布してきた歴史観の元は東京裁判であり、アメリカ占領軍であると言い続けなければいけない。大東亜戦争は侵略戦争ではなかったこと、人種差別と植民地支配を終わらせたことを主張すべきです。

人種間戦争は植民地解放戦争だった

髙山　米国は自国の都合に合わせて平気で歴史を歪めてきました。ハーバード大教授のジョン・フェアバンクは「われわれは他の欧州の国と同じようなことをしながらそれを棚上げして、西欧勢力の忌むべき帝国主義と武力外交を下に見る、より高い存在として自らを評価していたし、道義的に優越した国民としての自己イメージをもっていた」。

しかし「われわれは自惚れもほどほどにし、誇らず、西欧世界における善悪両面の遺産を認め、われわれがかつての英国人やフランス人と比較してかれらより立派ではなく、利口でもないことを認識すべきである」として、「われわれはアヘンと苦力の取り引きにたずさわって」「シナ海岸の奴隷取り引きを引き継いだ」、門戸開放政策の正体は「中国人民に対する搾取の分け前を要求し、そして、後にやすやすと搾取するために、中国を一つの単位として維持しようと試み」蔣介石を支援したという、中国側の見方を紹介しています（『人民中国論』）。

アメリカは自己欺瞞的であり、自らを道徳的な高みにおいて聖人ぶる独善者だという分析は的確でしょう。白人が支配する世界を根底から揺さぶり、アジアの国々の自立を促したからこそ、日本が二度と立ち上がれないよう貶める歴史を教えこんだのです。

米国が日本の脅威を現実のものと感じたのは、1893年のハワイ乗っ取りに、日本が軍艦を送って抗議の意思を示したことです。

さらに1895年、世界の予想を裏切って日清戦争に勝利し、賠償金で最新式の戦艦を英国に発注すると、のちの大統領セオドア・ルーズベルトは当時海軍省次官でしたが、友人のアルフレッド・マハン宛に「我々は日本が英国に発注した2隻の戦艦が英国を離れる前にハワイを併合し、そこら中に星条旗を掲げるべきだ。そしてニカラグア運河（後のパナマ運河）を早急に建設し、12隻の戦艦を造って半分は太平洋に配置すべきだ」と書き送っています。

米国はその通りのことを実行していきました。1898年にハワイを正式に併合し、キューバの独立運動に介入して米西戦争を起こし、キューバを保護国にしてフィリピン、グアム、プエルトリコも領有、アジア進出のため太平洋を横断する橋頭保を手に入れて、1903年にはパナマをコロンビアから独立させ、運河を開削します。その延長戦に沖縄があるわけですが、すべては計画されていたのです。

渡部　ペリー艦隊を派遣して日本を開国させた頃から、アメリカの真の狙いはシナ進出にありました。アメリカは独立以前からシナと交易していて、東海岸から南大西洋、喜望峰を回ってインド洋、南シナ海に進むルートでしたが、この要衝《ようしょう》はすべてオランダやイギリスに押さえられています。しかしカリフォルニアとシナを結ぶ海域では、日本や太平洋島嶼の要路は、まだ手つかずでした。

そこでハワイや、日本の小笠原や沖縄に進出する。東から西へ国土を拡張し、太平洋に到達したアメリカにとって、次に向かうべき目標はシナ大陸であり、日本はその中継地にすぎません。

西へ向かう自分たちの運命（マニフェスト・デスティニー）の目的地と感じていた中国に、日露戦争の結果、中継地のはずの日本が立ちはだかった。当時、アメリカは太平洋に艦隊を置いていませんから、強力な日本海軍がある限り、シナ大陸にはたどり着けず、マニフェスト・デスティニーも終了です。だから、仮想敵国とされた。

髙山 日露戦争に勝ったことで、アメリカは日本への憎しみを燃やします。大統領になっていたルーズベルトは権謀の限りを尽くし、日本に一銭の賠償金も領土も入らないようにしました。なぜなら日清・日露の戦争に勝った日本は、有色人種のヒーローになりつつあり、アメリカにとってはローマのカルタゴと同様、消滅させるべき敵となったからです。

第一次大戦時ドイツの外相だったフォン・グレイルは、日露戦争時の駐北京大使でしたが、「日本がロシアに勝った。北京で日本人とシナ人が大騒ぎして提灯行列をやって、爆竹を鳴らしている」という報告を本国に送っています。そして「もしこの先、日本人とシナ人が協力するようになったら、我々が東洋に持っている権益はものすごい脅威に晒されるのではないか」とも言っているのです。

実際、日露戦争後、東京に1万人を超える若い中国人留学生があふれると、帰任したグレイルはベルリンで会議を開き「日本化が進むと欧州の権益が失われる」「米、英と協力し、日本を押さえ込まねばならない」（ニューヨーク・タイムズ）と警告しました。この指摘通り、日本の勝利に反発する感情が米国に定着していきました。

奸智《かんち》にたけた米国は日本の弱点を、資源と領土のないことと分析し、もし豊かな人口と資源をもつシナを日本が手なずけてしまったら「この二つの国が世界のヘゲモニーを取らないと誰が言いきれるか」（ムッソリーニ）という事態を怖れました。

そこでアメリカは、シナに急速に接近します。狙いはインディアン戦争の再現でした。モヒカン族に銃を持たせてピークォート族を倒したのと同様、日本とシナを離反させ争わせること。

清朝が日本に官費留学生を送っているのを見た米国は1911年、義和団の乱で得た賠償金で清華大学を建て、見込みのありそうな学生を米国へ留学させ、日支反目のリーダーを養成します。

その第一号が顧維鈞で、1919年、第一次大戦のパリ講和会議ではシナ代表になり、米国は彼を五大国で構成する十人委員会に参加できるように計らって日本を批判させ、日中離反を決定的にする五・四運動のきっかけを作りました。五・四運動の背後にも米公使ポール・ラインシュの工作がありました。

次にパリ講和会議で日本が提案した国際連盟の規約に人種平等を入れる案を潰して、英米仏伊の四大国による運営として日本の発言権を封じ、1922年のワシントン軍縮会議で、米国の戦艦の数を日英の総和に等しくすると脅し、日英同盟を解消させる。

これでアメリカやドイツがシナを軍事支援しても、英国は参戦の義務がなくなります。もし日本がシナに宣戦すれば、米国はそれを口実に石油や鉄など軍事物資の禁輸を実行できるようになり、日本を倒す外交戦略の深謀は、ここで大きな成果をあげました。

この布石の上で米国は蔣介石を公然と支援し、さらにパール・バックの『アジア』誌に素朴で愛されるシナ人を描かせ、ヘンリー・ルースの『ライフ』誌にシナ人をこれ以上ないほど好意的に伝えさせたほか、毛沢東にはエドガー・スノーを送り込み、シナのイメージアップを図る宣伝もぬかりなかった。

渡部　日本が中国に侵略したと宣伝したのは、左翼やソ連だけではなく、実はアメリカでした。「対華二十一カ条要求」（1915年）のとき、アメリカが「民族自決権」を持ち出し、いかにも日本が悪いと騒ぎたて、中国を焚きつけた。それで問題が大きくなったのです。

民族自決権そのものは非常に立派な考えですが、ハプスブルグ王朝の中の複雑な人種問題へのアドバイスのようなものであって、中央ヨーロッパの独立運動への対処の話です。民族自決の考え方を持ち込んだバルカン半島では、かえって争いのもととなってしまった一方で、アジアのような、本来の植民地問題とは関係がなかったのです。

ですからアメリカが持っている植民地のフィリピンや、あるいはイギリスが世界中に持っている植民地については問題にされなかった。しかし、中国に対してはしきりに民族自決を煽りたてたので、中国人青年たちのあいだで排日運動が起きたわけです。

いまおっしゃられたように、日露戦争と大東亜戦争は、有色人種と白人の間の、二度の全面戦争でした。

それで日本はアメリカから憎まれた。アメリカは人種差別を前提としてできている国です。もし「すべての人は平等につくられている」という彼らの独立宣言の字句が本当なら、インディアンの土地を奪ったり、アフリカから黒人を連れてきて奴隷にしたりできません。だから、白人と同じ地位の有色人種が現れたということは、アメリカにとって非常に不愉快なことでした。

日本と戦争をしたころのアメリカ海軍では、有色人種は軍艦の厨房（台所）以外には配属されなかったと、ミッドウェイとマリアナ沖海戦で勝利を収めた指揮官、レイモンド・スプルーアンス提督が回顧録で書いています。なぜなら、兵隊にすると出世するからです。白人がその部下になるのは耐えがたい。

戦前のシンガポールでも、マレー人は奴隷に近く、その上に中国人がいて、中国人は主人であるイギリス人に仕える。そういう差別構造を日本が完全にぶち壊したのです。

長い目で見れば結局、有色人種の解放戦争はしなければならなかったかもしれません。白人に近代戦を挑んで勝てる有色人種がいるなんて、日露戦争で日本が勝利するまで、誰も思ってもみなかったから、世界中が驚いた。

大東亜戦争でも、空母機動部隊を持っている国はアメリカと日本だけで、イギリスにもドイツ、フランス、ソ連にもない。アメリカに対抗して戦争ができたのは、ヒトラーのドイツでも、チャーチルのイギリスでもなく、日本だけでした。

インドのネルーや、ベトナムのホー・チ・ミンなど、世界中の独立運動の指導者は、みなそこからインスピレーションを得ました。有色人種のイメージを180度変えたのは日本人です。有色人種にも、自然科学や工業化の能力があるという希望が生まれ、これ以降、植民地の拡大ができなくなったのです。

ですから、日露戦争はコロンブスのアメリカ大陸発見以来、400年続いた人種差別思想を初めて破壊した大事件であり、第二次大戦はさらにそれを植民地消滅という形で完成させた出来事であると理解しない限り、世界史は見えてこない。

20世紀初頭は、人種差別は当然という世界でしたが、21世紀初頭には、国という名に値しないような代表さえ、国連で一丁前の口をきく（笑）。この100年の差はどこに起因するかといえば、日露戦争と大東亜戦争しかない。

確かなことは、第一次大戦後、日本が国際連盟の規約に人種差別撤廃を提案したとき、ウッドロー・ウィルソンのアメリカが越権で葬り去った。われわれはプライドと地位をかけて、そのことを言い続けないといけないのです。

髙山　イギリスの歴史学者クリストファー・ソーンは、第二次大戦での日本軍のアジア侵攻で「住民たちの目に映る白人種の威信は計り知れないほど低下した」「十五世紀末のバスコ・ダ・ガマの到来を西欧のアジア支配の出発点ととれば、日本は一九四五年に降伏したとはいえ、日本はすでに戦争に勝利したといえる。日本の緒戦の勝利は冷酷に、ある意味では慈悲深く、欧米の植民地の存続期間を大きく短縮した」と書いています（『米英にとっての太平洋戦争』）。

戦争とは別の手段で行われる政治だというクラウゼヴィッツの言葉を借りれば、日本は実にいい政治をやりましたが、アメリカは失敗しました。戦争の結果、白人による植民地支配が終焉してしまったからです。

渡部　F・D・ルーズベルト大統領の責任が大きいでしょう。彼は何が何でも日本と戦争するつもりでした。

ヒトラーのためにイギリスが息の根を止められそうになっていたから、アメリカはイギリスを助けたかった。

でも、アメリカ国民は第一次大戦に参戦してろくなことがなかったから、ルーズベルトはヨーロッパの戦争には加わらないとの公約を掲げて当選したわけです。

チャーチルがしきりに助けを求めてくるし、蔣介石も参戦を懇願してくる。国民が納得する開戦の理由が必要でした。

髙山　F・D・ルーズベルト大統領は日本を開戦に追い込むため、こっそりハル・ノートを突きつけて挑発し、太平洋艦隊をわざわざ日本軍の手の届く真珠湾に「動けぬアヒルのように」つないで襲わせます。

85％が参戦反対だった米市民が怒って開戦するまでは筋書き通りで、あとは米英艦隊と空飛ぶ要塞B17爆撃機が、3か月で日本を叩き潰すはずでした。

B17爆撃機はすでに欧州戦線に投入されていて、ドイツの戦闘機に一機も落とされず、逆に撃墜している。日本の飛行機なんて歯牙にもかけないと思っていました。

水深の浅い真珠湾が襲われても日本人の技術と技量では雷撃は無理で、英戦艦プリンス・オブ・ウェールズも加わり、日本はすぐに制海権を失うはずでした。

ところが真珠湾では戦艦6隻が沈められ、プリンス・オブ・ウェールズは開戦3日目で撃沈、肝心のB17は初めて見る零戦にバタバタ落とされてしまった。あげく、大英帝国の象徴シンガポールも、米国の太平洋戦略の要であるフィリピンも落ちてしまいます。

真珠湾からわずか半年の間に、英領ビルマも米領フィリピンも蘭領東インドもみな日本が押さえ、それぞれ自治政府ができてしまいました。

彼らは日本人を見下して、どこまでいってもインディアンの成れの果てとしか思っていなかったから、戦争の口実だけできれば、もう歴史的な役目は終わり。東京を爆撃してすぐに降伏させ、あとは欧州戦線に行く計算でした。

ところがそのシナリオが崩壊して、日本がアジアに進出した3年半もの間、例えば蘭領東インドでは国民に共通語を与え学校をつくってそれを普及させたり、国を守る軍隊を発足させ国家としての統一意識を持つよう教育しました。

インドだけは日本が統治できなかったから、今でも15種類の言語が使われ、モディ首相が苦労してヒンディ語にまとめようとしています。しかし戦後、アジアから日本軍がいなくなっても「植民地は許されない」という価値観は残り、ネルーもインドで「なぜ植民地のままなのか」と騒ぎだした。

先のクリストファー・ソーンは「日本は、アジアの新しい家来たちの忠誠を確保することはできなかったにもかかわらず、民族主義的な自覚と政治運動を大いに促進し、それらは結局、白人支配の復活を阻止することになった」として、「日本は戦場では敗れたが、この東インドではすでに永続的な勝利を勝ち得たのだ」というフランス人の言葉を引用しています（『米英にとっての太平洋戦争』）。

ルーズベルトと組んだイギリスは、中国での権益はもとより、マレーもシンガポールも、ビルマもインドも、セイロンまで失いました。

フランスやオランダも、結局、アジアの植民地を手放す羽目に陥る。そうなると、アフリカも独立を認めないといけなくなり、戦後20年も経たない間に、相次いで独立することになります。

結局、日本をすぐに倒せず、第二次大戦が長引いたおかげで、ヨーロッパの財産である植民地がなくなってしまったわけです。

日本を戦争に誘い込んだルーズベルトは、欧州諸国に思わぬ損害をもたらしてしまい、申し訳が立たない。マーシャルプランはまさにその弁償でした。戦後復興の支援というのは口実で、植民地を失って一気に貧しくなった欧州諸国に、米国が当面の補償をしたと見るべきでしょう。
だから欧米の日本に対する恨みは深い。マッカーサーの怨念も深かったわけです。

渡部 そこは忘れてはいけないところで、表面上は分からなくとも、白人は絶対に日本を恨んでいると思わなければいけません。あと100年も経ったら忘れるかもしれませんが、分かりません。

高山 きっと忘れないでしょう。日本を侵略の加害者にし続けるのは、歴史の嘘を守るためですから。白人支配を終わらせた戦争を逆恨みして、日本叩きをいまだに続けているのです。

米中共通の敵・日本

高山 昭和7(1932)年の第一次上海事変で、アメリカ人パイロットの乗るボーイング戦闘機が突然、日本海軍機に不意打ちを仕掛けて逆に撃墜される出来事がありました。
あるいは同年、上海派遣軍司令官白川義則大将らが暗殺された、上海虹口公園・天長節祝賀式典での爆弾テロ事件は、アメリカの宣教師ジョージ・フィッチが朝鮮人テロリスト尹奉吉《いんほうきち》を手引きしてやらせた。

蔣介石が国共合作に転じた昭和11（1936）年の西安事件でも、夫人の宋美齢を伴って西安に乗り込んだのはニューヨーク・ヘラルド紙記者のウイリアム・ドナルドで、張学良の顧問もしていた人物でした。彼は蔣介石を生還させて、そこから日本を挑発する残忍な仕掛けが始まり、日支事変につながります。

第二次上海事変では、米陸軍航空隊将校のクレア・リー・シェンノートが国民党政府に雇われ、指揮したシナ空軍の米軍機が爆撃を行いました。シェンノートの義勇航空兵部隊の創設は、盧溝橋事件や第二次上海事変の数か月も前でした。

渡部　日支事変が全面戦争に発展したのは盧溝橋事件ではなく、第二次上海事変だったことが、アメリカと関係あるかもしれません。

1937年7月7日の盧溝橋事件の後、同月11日に現地で停戦協定が結ばれ、北支事変として収束に向かいます。日本側は二度にわたって内地からの師団派遣をとりやめ、不拡大方針は明らかでしたが、8月13日から、1000キロも南の上海で中国軍による本格攻撃の火の手が上がりました。

日本の海軍陸戦隊4000名が日本人居留民を守っているところに、約5万人の国民党軍が攻撃を仕掛けてきた、米独による支援を受けた第二次上海事変こそ、日中戦争の本当の始まりでしたが、戦後は「侵略の証」として、盧溝橋事件ばかりが取りあげられてきました。

髙山　さらに第二次上海事変に続く南京攻略では、米国の宣教師ベイツやマギーが「日本軍が大虐殺をした」と語り、ニューヨーク・タイムズのダーディン、シカゴ・デイリーニューズのスティールといった特派員が報じました。

最初に情報を流したのはマンチェスター・ガーディアンのティンパリというオーストラリア人でしたが、ずっとニューヨーク・ヘラルドの記者でした。たまたま中国で契約したのがマンチェスター・ガーディアンで、多国籍のような印象を与えるけれども、根をたどると全部、米国にたどりつきます。

日清戦争でも、1894年の日本軍による旅順攻略戦で、ニューヨーク・ワールド紙特派員ジェイムズ・クリールマンなどが、「中国人の肉は切り刻まれ、ほとんどの住民は虐殺され尽くした」と嘘を報じていました。

仕上げは東京裁判で、牧師のベイツが「日本軍は6週間にわたって南京市民30万人を虐殺した」と証言した。42日間、毎日7000人ずつ休みなく殺していかないと間に合わない計算です。

それほどたくさん処刑したなら、死体はどこへ行ったのか。毎日何百回も死体を運び出すことは、輜重兵《しちょうへい》中心で2、300人もいなかった南京の留守部隊には不可能でした。

渡部　彼らはみなプロテスタント。当時の中国には、プロテスタントの宣教師に劣らない数のカトリックの神父と修道女がいたはずですが、一人として日本に不利な証言をした者がいないのは不思議じゃないですか。それはなぜか、虐殺がなかったからですよ。

蔣介石は「日本がシナを蹂躙《じゅうりん》している」というイメージを作り出して、国際世論の同情を集めようとしました。そこでキリスト教に改宗したのです。

夫人の宋美齢もクリスチャンで、アメリカの名門女子大の卒業生です。そして、アメリカのプロテスタントの牧師たちにお金をばらまきました。

アメリカからは、それぞれの教区の牧師たちが寄附を募って布教に来ていて、妻子もあるから生活費が必要です。それで蔣介石に世話になっているから、口をそろえて日本軍の悪口を言った。

それに対してカトリックは単身赴任だし、蔣介石からお金をもらう必要がないわけです。

もう一人の証言者に、シーメンス社のラーベがおりましたが、これは武器商人でユダヤ人です。

先ほど出た、シェンノートの「フライング・タイガース」部隊（米義勇兵部隊、機体やパイロットは米国政府が用意した）は、真珠湾攻撃の前から日本爆撃計画を立てていました。

昭和16（1941）年、日米開戦前の9月に日本本土を攻撃する作戦で、350機のカーチス戦闘機と150機のロッキード・ハドソン長距離爆撃機が参加、うまくいけば9月下旬には東京や大阪に大量の焼夷弾をばらまいて、木と紙でできた日本の家屋を焼き尽くす予定でした。

しかし「フライング・タイガース」が集結したビルマの英空軍基地に爆撃機は一向に到着せず、同年12月の真珠湾攻撃と日米開戦のため、中国大陸を経由した爆撃計画は消えました。ルーズベルト大統領がサインした計画が実行されなかったのは、作戦で使用する爆撃機がヨーロッパ戦線で急遽必要になり、回したからです。

東京裁判では日本が不戦条約（ケロッグ・ブリアン協定）に違反したと裁かれましたが、当時のアメリカのケロッグ国務長官は、「戦争もできないような条約は結ぶな」と反対したアメリカ議会に対して、「不戦というのは侵略戦争をしないという意味であって、自衛のための戦争まで否定するものではない」と答弁しています。

そこで自衛の範囲が議論され、ケロッグ長官は「敵の軍隊が国境を侵して入ってくるのみならず、他国からの重大な経済的脅威も侵略に相当し、それに対する戦いも自衛の範疇に入る」と言いました。

つまりアメリカは石油資源を持たない日本に対して、石油を禁輸し、ABCD包囲網で他国も日本に売れないようにした。ケロッグの定義によれば、日本に対して侵略に相当する行動を取った。「あなた方の外交担当者の定義によれば、これは戦争を起こしていることになりますよ」と堂々と指摘すればいい。

アメリカは日本に対し、真珠湾攻撃の前に少なくとも二度、日本に戦争を仕掛けていたと主張すべきです。

2015年8月の安倍首相談話は、戦後初めて、植民地経済を巻き込むブロック化、経済封鎖が第二次大戦へ突入したきっかけであったと明言した、画期的なものです。

髙山　蔣介石はアジアが白人支配に抗して決起すべき時に、米国という白人側の強い者に巻かれて寝返った、一番の卑劣漢です。

それにより白人国家陣営にシナが加わり、日本を叩きのめす対立構造の中で、先の大戦が起きました。

奴隷を持ち、敵の抹殺、略奪、強姦を喜ぶ残忍な戦争をし、植民地を搾取してきた国々にとって、奴隷もなく、略奪も強姦もせず、植民地を搾取しない日本は、存在してはならない国だったと思います。

そこで原爆投下を正当化するためにも、メディアと研究者がこぞって、「侵略国家日本は狂気に駆られて残忍になり、アジア各地で殺戮を重ねて自滅した」（ジョン・ダワー『敗北を抱きしめて』）と繰り返し、どこまでも敗戦史観に縛りつけようとする。

かつてＧＨＱが、バターン死の行進やマニラで無辜の民を焼き殺したとか、赤ん坊を放り上げて銃剣で刺したなど、フィリピンでの日本軍の残虐行為を新聞に書かせたのと同工異曲で、家永三郎、本多勝一、吉見義明、最近ではＭＩＴ教授のジョン・ダワーが、「残忍な日本軍」による被害をこれでもかと強調する構図です。

ダワーなどは「百人斬り」「南京での非戦闘員の大規模な虐殺」「赤ん坊を投げあげ、落ちてくるところを銃剣で刺した」「この銃剣はシンガポールでは医師、看護婦、入院患者に向けられた」と、第一次大戦で英米紙がドイツ軍の残虐行為として報じたでっち上げとそっくり同じ話（アーサー・ポンソンビー「戦時の嘘」Falsehood in War-time）なのに、「今さら検証するまでもない、疑う余地なく実際に起きたショッキングな事件」だと断定しています。

だからこそ、米国のねつ造である南京大虐殺をなぞった江沢民は歓迎され、クリントンによって戦略的パートナーの位を与えられました。

日本は米中共同の敵という江沢民の主張は今も生きていて、米国製の嘘に中国が乗じた罠のいいカモになり続けているのが、日本人ということです。

渡部　第二次大戦は、アメリカが主導権を取って戦ったために、アメリカ人のルールに従って敗者を裁くと意気込んでいました。

でも結局、負けたドイツ軍人の罪ではなく、人道に対する罪でナチスを裁くニュルンベルク裁判をやったわけです。

次はニュルンベルク裁判に則《のっと》って、日本を裁こうとしたけれども、日本にナチス党はありませんから、結局、昭和3（1928）年の張作霖爆殺まで遡って、無理やり侵略戦争とし、「共同謀議」で裁いた。ここに問題がありました。

中国の歴史利用も東京裁判に発しているわけですから、われわれは「東京裁判の諸判決」は受け入れつつ、東京裁判史観と異なる歴史認識を持たなければ、生き残ることができないのです。

アメリカ人の残忍さを相対化する「日本軍の罪」

高山　アメリカがどれだけひどい国か知るべきでしょう。

第二次大戦中の１９４３年12月、アドリア海に面するイタリアのバーリ港に停泊していた17隻の連合国軍貨物船と兵員輸送船をドイツの爆撃機が空襲しました。そのとき沈めたアメリカ船（ジョン・ハーヴェイ号）に極秘に積まれていたマスタードガスが漏れ出し、軍人83名が死亡しました。

戦争での毒ガス使用を禁止するジュネーブ議定書（１９２８年発効）があったのに、第二次大戦後半の段階で、米軍はひそかにヨーロッパに配備していたわけです。

似た話でイラク戦争の後、イラクの砂漠から毒ガス弾がどんどん出てきました。イラン・イラク戦争で、イラク軍の旗色が悪くなったとき、アメリカが西ドイツを通して毒ガス兵器工場をバグダッド郊外に造らせた。その事実を伏せてイラク戦争後、米軍がそっと処理しようとしたら兵士30人近くが被曝した。それをニューヨーク・タイムズがスクープしました。

ＩＳが毒ガスを使用していると非難されていますが、あれは当時イラクが米独の支援で製造したものの、後になってアメリカが大量破壊兵器だと因縁をつけるので廃棄した化学兵器をＩＳが再利用しているだけなんです。

イラン・イラク戦争で武器どころか毒ガスまで供与していた事実を表立って言わせないために、ＩＳを潰そうとしているのが米国です。まともな人間性を持つ国とはいえません。

私がテヘラン支局長でイランにいた時、南西部のアフワズ（１９８０年の開戦直後にイラク軍に包囲されたが、イラン軍守備隊が持久に成功した都市）近くの野戦病院で、マスタードガスでやられた兵士を見たことがあります。

30人ほどの兵士がひどい水ぶくれに苦しんでいて、一部はその水ぶくれが弾けて赤く糜《び》爛《らん》した肉がむき出しになっていました。背中も腹もただれて、痛くてベッドに寝られないため、みんな体を起こして両手で上体を支えている姿は悲惨でした。その化学兵器を持ち込んだのも、実は米国が西ドイツを通して毒ガス工場を供与（ニューヨーク・タイムズ紙）していたのです。

他方では、戦争をどんどん長引かせようと、国交を絶っているイランにも秘密裏に武器を輸出していたことがイランゲート（イラン・コントラ事件）でバレました。中東の国同士を潰し合わせ、優秀な人材が出ると殺すアメリカのやり方は、インディアン同士を戦わせるのと同じで、日本人には信じられない悪辣な手口です。

渡部　アメリカの特徴として、騎士道精神がないことを私は何度か指摘してきました。

G・K・チェスタトンの弟、セシルが、アメリカは中世抜きで誕生したと書いています（『アメリカ史の真実』）。ピューリタンは先鋭的なプロテスタントですから、カトリックが支配した中世を暗黒時代と考え、古代ギリシャやローマに理想を求めました。

ヨーロッパ中世ではゴシック建築が盛んでしたが、アメリカの多くの公的な建物はギリシャ・ローマ風に造られていて、中世的なゴシック建築ではありません。

ヨーロッパでは中世末期、1000年かけてようやく奴隷制度をなくしたのに、建国後のアメリカで農業に必要だからと、奴隷制が続いたのも、彼らが理想とした古代ギリシャ・ローマが奴隷制度を文明の基盤としていたことと関係があるでしょう。

騎士道精神がないのも、中世を欠いているからです。勝ったほうが正しく、負けたほうは悪い。先住民の土地を奪っているのに、インディアンをあくまでも悪者と考える。勇ましく戦ったインディアンを立派だったと称えて、新しい州の名誉知事にする発想がない。〝情け容赦のない国〟です。

東京裁判でも同じで、マッカーサーは自分が敗北して追っ払われたフィリピン攻略戦の本間《ほんま》雅晴《まさはる》中将を銃殺し、フィリピン防衛戦を指揮した山下奉文《やましたともゆき》大将を絞首刑にしています。

中世ヨーロッパには騎士道精神があり、日本には武士道精神がありました。敵であっても立派な人物なら尊重する。例えば日露戦争で旅順要塞を陥落させた後、乃木大将は敵司令官のステッセル中将に恥をかかせないようにしたし、バルチック艦隊の負傷した司令長官・ロジェストヴェンスキー少将を東郷平八郎大将が見舞ったりする。

ヨーロッパでも、第一次大戦までは騎士道精神がかろうじて保たれ、敗戦国ドイツの皇帝ウィルヘルム二世も裁判にかけられませんでした。

それがなくなったのは、中世のないソ連とアメリカが第二次大戦を宗教戦争のようにしてしまったからです。宗派が違う敵は悪魔という、三十年戦争（1618～48年）の姿に戻ってしまいました。

髙山　つまり戦争を汚くした。三十年戦争の大量殺戮《さつりく》の反省から、ウエストファリア条約ができて、国際法の概念がせっかく固まっていったのに、それを平気で踏みにじったのが歴史的に見たアメリカという国です。

宗教戦争を経験した西洋も、日本も、敵を根絶やしにするという発想は持ちません。その点でも中国は米国とよく似ています。

米国という異常な国家が、第一次大戦を期に国際舞台へ出てきてから、戦争の形態がトータルウォー（総力戦）へと変わってしまったのです。それまでは近代国家間の戦争といえども、局地戦で決着がつきました。例えばワーテルローで戦って、負けたナポレオンは、セントヘレナ島に流されて終わりでした。

渡部　「お主ご立派」ということで、「殺せ」とはならなかった。ナポレオンも、新大陸アメリカに亡命させると偽って島流しにしたことへの批判がとても大きかったくらいです。

髙山　ところがアメリカという国は、その成り立ちから、敵と見れば皆殺しにしてきました。

初代大統領ジョージ・ワシントンの記録によると、実は彼は植民地軍、つまり英国王党派の士官になりたかった。そこでフレンチ・インディアン戦争では英国側で従軍し、フランス軍とオハイオで戦いました（1754年）。その際、フランス兵10名を捕虜にして、皆殺しにしてしまったんです。

渡部　ほう。

髙山　捕虜虐殺の直後、今度は自分がフランス軍に捕まる羽目になり、捕虜はどうしたと尋問されると、部下に責任をなすりつけて、彼は逃げ帰ってきた。それが知られてしまい、英国軍士官にはなれなかった。

かつてチャンドラ・ボースも、インド・シビリアンサービスの試験に落ちて、インド独立に転向しましたが、ワシントンも、英国軍士官になる道を閉ざされたために、反乱軍に転向した男なんです。だからやることが汚い。

ワシントンは総入れ歯で、自分のプランテーションで抱えていた400人の奴隷から、生きたまま歯を抜いて、何組も入れ歯を作っていました。

そういう連中だから、インディアンを使って英国軍と戦わせたし、世界初の総力戦となった南北戦争（1861～65年）では、同じアメリカ人同士の殺し合いで約62万人の死者を出しました。これはいまだに米国史上、最も多い戦死者数です。

南部経済を壊滅させるために、北軍のウィリアム・シャーマンが採用した焦土作戦の犠牲になったアトランタは、まさに灰燼《かいじん》に帰しました。

降伏した南軍のリー将軍を捕まえると、手錠足枷をして引きずり回し、見せしめにしたほか、リー将軍の大邸宅跡の広大な敷地を墓場にし、戦争で死んだ北軍兵士を埋葬した。それがいまのアーリントン墓地になるわけです。敵将に対する、思いつく限りの悪意に満ちた処遇ですよ。

先ほどお話のあった本間中将も、マッカーサーは自分に恥をかかせた恨みから、本間中将がバターン半島総攻撃を命じた、同じ4月3日の午前0時53分に処刑させています。

執念深くて騎士精神の真逆にいる連中ですから、インディアンは皆殺し、同胞でも皆殺し、そのやり口を国家間戦争に持ち込んだ、その象徴が原爆投下であり、東京大空襲です。米軍にとって戦争とは、敵軍を負かすだけでなく、敵の銃後を守る妻子を殺して、相手を全滅させることにほかなりません。

この戦術を近代戦に持ち込んだのが北軍のウィリアム・シャーマンであり、彼がインディアン戦争で騎兵隊がやられた報復として、留守の集落を襲って女子供を皆殺しにしたことから始まっています。

渡部　おっしゃる通り、アメリカによって戦争が残酷になりました。都市を目標にした大量無差別爆撃や原子爆弾はその帰結でしょう。

日本人には、意図的に民間人を大量虐殺する発想はありませんでした。もちろん、とばっ

ちりで巻き込まれた市民の犠牲は多少ありますが、真珠湾攻撃でも他の作戦でも、目標は敵の軍艦だけでしたし、特攻隊だって民間船ではなく敵の軍艦を狙ったものです。

フィリピンではゲリラに遭遇したので掃討しましたが、一般民間人を無差別に殺そうとしたわけではありません。

近年では重慶だけは無差別爆撃したといわれるけれども、それはたまたま民間人の避難場所に爆弾が落ちて犠牲者が出たために、そう非難されているわけです。何も狙って避難民を攻撃したわけではありません。

そもそも日本軍は爆弾が惜しいので、都市への無差別爆撃ができない。日本軍の爆撃機は双発だけで、四発はなかったから、やりたくても無理なんです。

先ほど触れた安倍総理の談話でも、「広島や長崎での原爆投下、東京をはじめ各都市での爆撃、沖縄における地上戦などによって、たくさんの市井の人々が、無残にも犠牲となりました」と、アメリカに対する批判を含みつつ、真の歴史を見通すメッセージが発信されていました。

アメリカの罪を打ち消すために、日本軍もあらゆる残虐行為をやったと宣伝されているわけですが、それにいつまでも日本人が振り回されて、こんなひどいことをしたと自虐し続けるおかしさに気づくべきですね。

高山　メディアはいつになっても「真相はこうだ」（GHQがNHKに放送させた日本軍の罪悪を暴露・追及する番組）を続けているのです。

戦後の自虐史観で語られる「日本軍の残忍な行為」の多くは、日本の無責任な学者と無節操な新聞人によってでっち上げられたことは後で話しますが、もともと嘘の出どころが米国だったケースは多いのです。

1945年2月から3月にかけ、日本軍がマニラで10万人の大虐殺をやったとされますが、実際は10日間もの無差別砲爆撃で民間人を殺し、マニラをがれきの山にしたのはマッカーサーの米軍でした。

日本軍はここに進駐した時、フィリピン人の家を接収することもせず、郊外の競馬場を宿営地としました。マッカーサーが戻ってきた戦争末期には、市内のサント・トーマス教会に抑留していた欧米人3千余人を米側に引き渡しています。米側はマニラがフィリピン人と日本軍だけになってから絨毯爆撃と艦砲射撃で焼き払いました。それを「爆撃を受けた日本軍は教会に市民を集めて焼き殺した」などと敗戦後の日本の新聞に書かせ、すべてを日本軍のせいにしてきたのです。

ニューヨーク・タイムズは終戦記念日が近づくと、フィリピンの作家を紙面に登場させ「日本軍はマニラを破壊した」「日本軍兵士にひっぱたかれた」「だから広島原爆は当然だ」と日本の悪を再確認する記事が載ります。米国の悪業が表に出そうになると、先制パンチで向こうが仕掛けてくる。

同紙は繰り返し南京大虐殺を日本軍の蛮行だと報じ、米マグロウヒルの高校向け教科書が「日本軍は20万人の女をさらって天皇からの贈り物として兵士に与えた。女はみな殺された」との記載に、日本外務省が抗議すると「日本政府が圧力をかけた」と批判してきました。

さらに「日本は何万人ものアジアの女を性奴隷にしたことに真正面から謝罪していない」と嘘記事を垂れ流します。トランプがニューヨーク・タイムズ紙を「フェイクニュース（嘘つき）」と呼んだのは正しいのです。

嘘の綻びが広がってきた

高山　事実は彼らの主張とは正反対でした。

捕虜に対する拷問や虐待は国際法違反だと「バターン死の行進」を告発するアメリカ人こそが、１８９９年から１９０２年にかけてのフィリピン平定戦争で捕虜を皆殺しにしてきたのです。主犯はアーサー・マッカーサー。

渡部　ダグラス・マッカーサーの親父ですね。

高山　そうです。米国は米西戦争でフィリピンを攻略する際、フィリピン独立運動の指導者エミリオ・アギナルド将軍に、勝利の暁には独立させると約束し、背後からスペイン軍を襲わせました。

しかしスペインが敗退すると、有色人種との約束など反故にして植民地にし、アギナルド配下の独立軍の掃討を始める。その指揮をとったのがアーサー・マッカーサーで、アギナルド軍が山に逃げ込むと、彼らは非正規軍だと宣言し、捕虜にしても殺害、拷問お構いなしとしました。アルカイダ一派をグアンタナモで拷問にかけたのと同じ理屈です。

ここで「水治療」と称する拷問が大っぴらに行われました。古くは魔女狩りの時にやった拷問です。

フィリピン人を大の字に寝かせ、口をこじ開けて20リットルの水を飲ませ、それでも口を割らないときは尋問官が腹の上に飛び降りると、口から2メートル近く水を噴き上げて絶命する。この拷問はグアンタナモでも行われ、問題になりましたが、「バターン死の行軍」の捕虜に日本兵がこの拷問をしたという元米兵レスター・テニー（アリゾナ州立大教授）の証言があります。

「手足を縛られ、板に大の字に寝かせ足を10インチ高くする。それで塩水を飲ませる」、そんな魔女狩り審問の知識は日本人は持っていません。でも、このホラ吹き男の発言を真実と思い込んで、2010年には民主党政権の岡田外相が、この男をわざわざ日本に呼んで、謝罪しました。

また、アーサーは米兵が殺されると、その地域の住民すべてに報復しました。1901年9月のサマール島事件では、パトロール中の米軍2個小隊がゲリラに待ち伏せされ、半数の38人が殺されました。

その報復として、アーサーはレイテとサマールの島民の皆殺しを命じ、少なくとも20万人が殺害されたと米議会の報告書に記されています。殺されたのは、ほとんどが家族などの一般人ばかりで、もちろんゲリラではありませんでした。

事実、米軍は第二次大戦でも、ニューギニア戦線や太平洋島嶼の戦闘で日本軍の捕虜を相当、殺しています。彼らの残忍さは圧倒的ですが、だからこそ「日本人のほうが残虐だ」と嘘を並べたててきたわけです。

渡部　今のフィリピンの大統領、ドゥテルテが米軍に「出ていけ」とか、「米国とは完全に別れた」などと悪口をいうのは、そんな恨みもあるのでしょうか。

髙山　そうです。彼はレイテ島出身で、サマール事件のわずかな生き残りの子孫なんです。だからこそフィリピン人の多くは、ドゥテルテはよく言ってくれたと支持している。アメリカが長い間、恐怖で押さえつけてきた重石が軽くなってきているのでしょう。

これまでのフィリピンの大統領に、フィリピン人の血を持った人はほとんどいません。マッカーサーとくっついていたマニュエル・ケソンは混じりけない白人のスペイン人。あとはチャイニーズ・メスティーソという華僑とスペイン系の混血ばかり。モンテンルパ監獄で昭和26（1951）年に日本人戦犯を14人吊るしたキリノ大統領もそうです。

マグサイサイはフィリピン系でも育ちがよすぎる。医学部に入るためにフィリピン大学で勉強していたような人ですから。そういう意味で、フィリピン人らしい、マゼランをやっつけた血筋をもつ大統領はドゥテルテが初めてでしょう。

渡部　フィリピンのような国でも、アメリカ主義の綻びが目立つようになってきたわけですね。安倍さんにドゥテルテ大統領が「日本は兄弟よりも近い友人である」といったのが本音なら、これも安倍外交の成果です。

「安倍談話」もそうですが、安倍さんが存在感を発揮するほど、よい流れが生まれていきますね。

髙山　米国は建国以来、ずっと悪いことをし続けて、世界に迷惑をかけてきましたが、ここでようやく、やりたい放題だった流れが一度止まったような気がします。

米国が自国第一主義で後退し、抜けた世界は新たな秩序を模索する。米国史の悪事を免責するために、不当な罪を着せられてきた日本にとってはチャンスでしょう。

マッカーサーは日本に着任するなり、重要戦争犯罪者を39人吊るせと、人数を指定してきたことが、私にはずっと引っかかっていました。なぜ39人なのか、どこから出た数字なのか。

彼はわざわざ、日本を近代国家に生まれ変わらせた明治天皇の誕生日（明治節）に、日本を破滅させる滅びのマッカーサー憲法を公布させた男です。

憲法草案を幣原《しではら》首相に手交した日が2月11日の紀元節。それを発表させた2月22日は、日本の象徴である桜の木を切り倒したエピソードを持つジョージ・ワシントンの誕生日。

昭和天皇の誕生日に戦犯を起訴して、今上天皇の誕生日に戦犯を処刑している。

そうやって因縁をつけるのが大得意な男が出した数字に、ようやく思い当たったのはダコタ戦争です。ミネソタ州で1862年、ダコタスー族インディアンの暴動を鎮圧し、マンカトという町で38名の酋長格を一斉に絞首刑にしました。

俺たちはインディアン戦争で、黄色いヤツをすべて処分してきた。今度はマンカトでいっぺんに吊るした38人より一人多い人数をやってやる。

ダコタ戦争は、一度に絞首刑にした人数として、いまだに最多記録だそうですが、マッカーサーはそれにあやかって、悪いインディアンをやっつけたアメリカ人が、今度は日本で戦犯39人を吊るすという意気込みだったのです。

渡部　そういえば私も、非常に怖い事実を偶然発見しました。

ピルグリム・ファーザーズがアメリカに到着した後、食べ物がなくて冬を越せず、半分ぐらい死んでしまいます。やっとのことでインディアンに助けられ、ようやく冬を越して、トウモロコシ（maize）をもらって植えると、収穫が得られた、そこで感謝祭をやったと、我々は学校で習ってきました。アメリカの教科書にもそう書いてあったようです。

ところが、たまたま1960年代のブリタニカを見ましたら、感謝祭についてインディアンと戦って勝ったこと、それから収穫があったことを感謝したと書いてあったのを見つけました。

インディアン戦争の勝利に感謝したのが第一とは、当時のアメリカ人の気持ちはこんなものだったのか、大変な話だと思いました。これでは騎士道精神が生まれるひまなどなかったでしょう。

髙山　感謝祭を公式に定めたのはリンカーン。奴隷解放も南北戦争の口実にすぎなかったわけですが、感謝祭も人種間融和をうたうために、黒人は解放したのにインディアンは皆殺しではまずいということで作ったとされます。

実際、ピルグリム・ファーザーズを救って感謝祭を祝ったワンパノアグ族のマサソイト酋長の子供の代になると、白人は跡を継いだ長男と次男を殺して、その首を自分たちの町に20年間さらし続け、彼の妻や子、部族全員をカリブの奴隷商人に売り払っています。それ以後、アメリカ人はインディアンをひたすら殺していき、黒人奴隷を入れました。これが米国史の真実です。

だからブリタニカは、リンカーンのインチキを見通して、本来の感謝祭のことを書いたのかもしれない。まさに米国製の嘘が破たんしている例で、素晴らしいと思いますね。

渡部　権威あるブリタニカがそう書いていた。そこで私が考えたことは、アメリカ軍が占領してから、日本では封建時代の悪口ばかり言われるようになりましたけれども、封建時代がない国はまともな近代国家になり損ねたまま、今日に至っていますね。

西ヨーロッパ諸国で一応先進国とされているのは、すべて発達した封建時代を経てから近代化した国々です。

ヨーロッパ以外では、日本しか発達した封建時代を経験していません。

中国は古代で歴史の進歩が終わっていて、時代によって支配民族が異なる別の国になります。例えば孔子の生きた周の時代と、鮮卑と呼ばれた異民族が国を建てた隋の時代とはまったく別の国でした。連続した国家ではないのです。インドも発達した封建時代はありませんでした。

封建時代というのは、独特の小さい塊で人間同士の交わりを繰り返して、例えば「騎士を裁くものは騎士しかいない」という考え方が出てくる。そこから敵を尊重するという精神が生まれます。

すると、殺し合いでも形式を整えるようになる。ヨーロッパで行われた決闘では、見届け人もついていて、ルールを決めて撃ちあうわけですが、そこでは、どちらの言い分が正しいかの善悪ではなく、正しい手順を守って闘うかだけを問題にする。

この発想が国際法の戦争の定義にも流れていて、戦争した国に対して、どちらが善か悪かではなく、非戦闘員を殺したとか、不法な略奪をしたなどの、戦争中の不法な手続きの問題だけを問うようになりました。

だから敗者だからといって殺して裁くのではなく、尊重したわけです。

その精神は日本の武士道も同じです。ヨーロッパから影響を受けたのではなく、封建時代から出てきたものでした。

もし徳川慶喜が本気で戦う気になったら、箱根に防衛線を築いて徹底抗戦したでしょう。当時、幕府だけが持っていた海軍で大阪あたりに逆上陸すれば、西郷さんだって苦労したはずです。

しかし、徹底抗戦せずに自ら蟄居《ちっきょ》したから立派だった、おかげで早く戊辰戦争が終わったと考え、徳川家を侯爵にして貴族院議長にもする。この「お主立派」という観念がなければ、人間世界の喧嘩は果てしのないことになりますよ。

宗教戦争では敵を尊重する精神がないんです。冷戦時代のソ連とアメリカもそうでしたが、相手は悪魔ということになる。アメリカ人はずっと宗教的なセンスで戦争をしてきたのだと思います。

アメリカとアングロサクソン民族が優れていることは避けがたく、支配者として世界に拡張するのは明白な運命で、自分たちは常に正義の側に立つ。自分たちに都合のいい立派なことはいうけれども、都合の悪いことは問題にしない伝統的な思考がありますね。


高山　そうですね。『白鯨』を書いたハーマン・メルヴィルは、「アメリカは現代のイスラエルびとだ、神に選ばれた民であって、アメリカ大陸という神から与えられた国に来た聖なる使命を持った人間である」と断言しました。

旧約聖書の民数記によれば、神はイスラエルの民に、カナンの地を与え、そこに住むカナンびと、ペリシテびと、ミデアンびとを皆殺しにして神殿はぶち壊せ、処女は兵士が慰みものにしてかまわないといった。

メルヴィルがこの見解を出したのは19世紀半ばですが、ジョージ・ワシントンが「彼らを根絶やしにしろ」とモーゼを気取っていっていたように、この傲慢な思想はすでにピューリタンが来てから200年間、インディアン鏖殺《おうさつ》の正当性の根拠にしたようです。

新大陸に来たアングロサクソンは、そこにいる先住民を皆殺しにしてかまわない。その手段に武器を持つ男の戦士とは戦うな。銃後の女、子供を皆殺しにして根絶やしにしてしまえという旧約聖書的なやり方を、インディアン戦争で実践しました。

やがて自分が手を汚すこともないと思いつき、チェロキーにモホークを殺させ、その際に敵を本当に殺した証拠に頭皮を剥いで来いと命じる。それで後から「インディアンは残忍だった」と主張したわけです。

選民だから嘘も許されるという、この傲慢さを、太平洋に出たアメリカ人はフィリピンや日本、ベトナムでも繰り返し、銃後の本土爆撃と原爆で女子供を皆殺しにして、何ら恥じていません。

しかもその悪事を、外国に表立って批判させないようにする口実づくり、言い訳づくりがものすごくうまい民族ではないでしょうか。

自分たちが一番汚いことをやってきたのを棚上げして、正義の実践者であるかのようにふるまう。

こんな国がこれ以上、栄えるのも困ります。中国と同じですよ。品性のない国というのは、どうにかしてほしいと思いますね。

第三章

驚くべき日本の潜在力

マッカーサーとカルタゴの平和

渡部　いわゆる歴史認識問題では、日本に言論の自由は認められていません。世界史におけるアングロサクソンの勝利は、言論戦が寄与した面が大きかった。

私の知人である若狭和朋《わかさかずとも》さんがこう書いています。「自国を悪く考えるようになってからイスパニア大帝国は衰滅に至った。では、誰がスペインを悪く言ったのか。イギリスやオランダである。イギリスやオランダが植民地でいかに酷いことをしたかは、いまでは広く知られている。同じことをスペインもやった『だけ』である。しかし、スペインは歴史の敗北者になり果てた。なぜか。スペイン人たちは自国の歴史に自信が持てなくなっていったからである。

悪逆非道の国、虐殺の国……無数の悪口がスペインに浴びせられ、プロパガンダ（宣伝）合戦に敗北したスペイン人は、国民的に元気を失い、歴史の敗北者にさせられた。自信を喪失し、自己嫌悪に苦しみ、自虐に親しみ、さびしく自国を嘲笑《ちょうしょう》する国民には衰滅しか道はない」（『昭和の大戦と東京裁判の時代』）

南アメリカでスペイン人がいかに残酷なことをしたか、スペイン語の報告書（ラス・カサス『インディアスの破壊についての簡潔な報告』）を英語に翻訳したパンフレットを世界中にばらまいたのが、凋落《ちょうらく》の一因でした。

日本も自国の言い分を英語で堂々と発信すべきですが、戦争の残虐行為や植民地や奴隷制度など、本家の欧米人に常に先手を取られて「日本こそ悪いことをした」という話ばかりが広がっています。

前章で論じたように、検閲で言論を封じ、日本軍の悪だけを宣伝していったＧＨＱの、「軍国主義者の国民に犯した罪は枚挙にいとまがないほどだが、時のたつにしたがって次々に動かすことのできない明瞭な資料によって発表されていく」という「太平洋戦争史」掲載命令書の洗脳が、今なお日本人を縛っているのです。

本当の戦時下を知っている私には効き目がありませんでしたが、戦後、憲法とマスコミを使って、国民を国家と敵対するよう仕向けたのは効果的でした。

日本人が本来の歴史観を取り戻すために、どうやって真実の歴史を広めるかという課題です。

高山　先ほど名前を出したジョン・ダワーは、米国が「軍国主義者に騙された日本人を民主化」する「歴史的にも前例のない大胆な企てに乗り出した」「マッカーサーのカリスマ性と米軍将兵の紳士的な振る舞いが日本統治を成功させた」と真っ赤な嘘を書いています。

調達庁の統計によれば、占領期、米兵によって10万人の女性が強姦され、2536人が殺されています。沖縄では6歳の幼女が強姦され殺されました。小倉市は朝鮮戦争時に一個中隊の黒人兵に3日間占領され、略奪と強姦にさらされました。今のイスラム国と似た状況でしたが、すべてが報道規制で闇に葬られたのです。

マッカーサーは終戦間際に緑十字船の「阿波丸」を魚雷で沈没させた賠償金を日本政府に出させるため、無償供与だったガリオア・エロア援助を有償に切り替えさせた、あくどい男です。彼は自分の滞在費も駐留米軍の費用もすべて日本政府に出させました。東京裁判の費用も、検事の宿泊から遊興費まで、すべてです。

ここまでひどいマッカーサーの統治を、栄光のままとどめようとするのが、米国の歴史学であり、メディアなのです。今や日本を敗戦に縛りつける学問的支柱となったダワーの著作『敗北を抱きしめて』は、ピューリッツアー賞を取っていますから。

ダワーの「前例がない企て」がいかにインチキか。ローマ史の知識がある米国人なら、ローマが最大の敵であるカルタゴの牙を抜くために、紀元前3世紀、ポエニ戦役で何をしたか知っているでしょう。

ローマのスキピオはハンニバルがローマの南に布陣している間に、今のリビアにあったカルタゴを攻め、ハンニバルは急いで戻りましたが、敗れました。

勝ったローマはカルタゴに対し、カルタヘナなど植民地の没収・交戦権の放棄・軍の解除と軍艦の焼却・膨大な賠償金の支払いを要求しました。

さらに、その調印が行われるまで、ローマ軍の略奪・強姦を放置し、カルタゴの交易船も燃やして農業国化を強いた。マッカーサーの戦後処理は、「カルタゴの平和」、つまりスキピオが出した降伏条約の内容と、憲法を含めて、瓜二つです。

渡部　それは当然、ローマ史の知識のある人間が作ったんでしょう。

髙山　そうだと思います。蔣介石の顧問だったオーエン・ラティモアは、日本の戦後処理について「カルタゴの平和」を何度か口にしています。

憲法9条にいう軍隊の不保持と交戦権の放棄は、ローマが心から憎んだカルタゴに示した降伏条件そのものです。

条約締結後も、ローマのマルクス・ポルキウス・カトーこと大カトーは演説の最後に必ず「それにつけてもカルタゴを滅ぼさねばならない」と語り続けました。同じ情報を繰り返し吹き込む。そして、隣国ヌミビアの侵略に対しカルタゴが自衛戦争を始めると、「ローマの許可なしに戦った。交戦権放棄違反だ」という口実で攻め込み、今度こそ滅ぼしました。

富を奪って王侯貴族は皆殺し、住民は奴隷に叩き売って、建物はすべて焼き払い、そのあとに塩を撒いて草木も生えないようにする。これが「カルタゴの平和」と呼ばれました。ローマ史を読んだ者なら誰でも「日本を叩き潰し、そこらの名もない三等国にする」という米国の意図が分かったでしょう。

GHQの仕事を見ると、まず日本が統治していた台湾、朝鮮、南洋諸島を没収し、永世中立国のスイスに対してまで、膨大な賠償金を支払わせ、戦力不保持と交戦権放棄を明記したマッカーサー憲法を呑ませた。F・D・ルーズベルトは憎い日本人を4つの島に隔離して、衰亡させるつもりだったからです。

カルタゴの交易船に相当する日本の工業力については、鍋釜しかつくれないレベルまで落とし(デモンタージュ)、農業国化することがエドウィン・ポーレーの賠償使節団によって実行されました。

第一次計画で昭和初期まで工業力を落とし、重工業は解体、機械類はシナ朝鮮などに運び出され、第二次計画では明治時代まで落とす予定でしたが、そこで朝鮮戦争が起きて中断を余儀なくされました。

しかし農業国化はそのまま進められ、NHKは今も「農業の時間」とかアホな番組を作り続けています。笑えるのは、ローマに略奪の自由を認めた項目までGHQはモノマネし、在日朝鮮人・シナ人に日本中の駅前一等地を不法占拠させました。

渡部 そうですね。戦後改革の目玉、財閥解体と地主をなくすなんて、いずれもアメリカ本国では絶対に不可能です。そこまでして日本を弱体化したかった。特に財閥の力を恐れたんでしょうな。

髙山 そうです、ゼロ戦を1万機も作ってしまうわけですから。マッカーサーは日本的なものをすべて壊したかった。

なぜこんな黄色いヤツらがロシアに勝ち、そして大英帝国の強さの象徴シンガポールと米国の太平洋戦略拠点フィリピンを落とし、パーシバルや自分を追い出すことができたんだ、と。

前にも触れましたが、ルーズベルトは真珠湾の後、3か月で日本をやっつけるはずで、マッカーサーはその準備をしていながら、手も足も出ないうちにやられてしまいました。

渡部　実際そうでしょう。戦前のアメリカ人は、有色人種を下級民族として位置づけないと、世界は成り立たないと信じていた。それなのに彼らの植民地に、日本人が大きな顔で進出したので、癪《しゃく》に障《さわ》ったと思いますね。

髙山　彼自身、まさに敗軍の将だったから、もう悔しくて、日本を目の敵にして、インディアンにもやらなかったようなひどい仕打ちで、うんとみすぼらしく貶めようとしたのでしょう。

彼の洗脳工作や、手をつけた憲法、皇室、経済力、軍事力、さらにはカトリックの反対で失敗した靖國神社の解体工作（ドッグレース場に転換）を見れば、日本が二度と歴史を取り戻さないようにする狙いがあったと分かります。

マッカーサーは日本を壊そうと、散々いじくり回しましたが、元に戻るべきもの、日本が本来持っているいい要素はだいたい直り始めています。

日本はルーズベルトやマッカーサーにあれほど憎まれながら、歴史の復元力で、いまだに滅びていません。

それでも、憲法はじめ、まだ直せないでいる重要なものが、いくつかあります。

日本国憲法は敗戦条約だった

渡部　歴史を取り戻すという観点で大事なことは、敗戦国に対して恒久的な法を強いてはいけないという国際法があるのに、ＧＨＱは憲法を筆頭に、日本を壊すようなあらゆる立法を強いてしまったことです。

日本はポツダム宣言の13項目を受諾し、その中に「陸海軍の無条件降伏」はありましたが、国家の無条件降伏ではありません。

「ハーグ陸戦法規」第43条には「交戦時に占領地の統治権を掌握した際、被占領地の法律を尊重する義務」が定められています。ところがアメリカは、「降伏した日本と交渉する必要はない」という姿勢で占領憲法を押しつけてきました。

ですから、私がずっと主張しているように、憲法の本質は二重構造の政府に強いられたもので、日本政府がありながら、その上にもう一つ政府がある二重支配を受けていた。したがって、主権の発動としての憲法が成立するはずがないんです。

主権は占領軍にあったのに、日本政府が作ったと嘘をついている新憲法の本質は、占領基本法です。

髙山　もっといえば、敗戦条約です。戦力の放棄を筆頭に、〝米国との約束ごと〟を呑まされた対米条約ですよ。

だから戦後の日本人が、何か政治的に新しい動きを起こすとき、いちいち憲法違反かどうかで騒ぐのは、米国が定めた「国としての制約」に反するのではないか、敗戦国として許されない、連合国に対する条約違反になるのではないか、と怖れる思考が身についてしまっているからではないでしょうか。

渡部　そう、日本国憲法の定めたことを絶対に守らなければいけない、約束ごとのようになっている。

だから主権がなかったのに、あったようなことをいう憲法学者は、けしからんと思いますね。

憲法学の先生が最初の授業でいうべきは、「これから憲法の講義をします。憲法というのは国の主権そのもののはずであり、主権の発動によるものと定義されていますが、しかしこれから教える日本国憲法は、占領軍の主権で決められたものですから本当の憲法ではないと思って聞いてください」と釘をさすところから始めなければいけないのに、あたかも神聖不可侵なもののように教えることがおかしい。

あるいは国際法の学者なら、「交戦権のないような憲法を持ってはいけない」というべきでしょう。しかし、東大や京大では絶対にそう教えない。

だいたい前文を読めば、日本国民の「安全と生存の保持は」「平和を愛する諸国民の公正と信義に信頼」する、つまり外国人に任せるとある。世界中の独立国でこんな憲法はあり得ませんよ。これだけで十分、破棄する理由になるはずです。

日本人の安全と生存まで外国に預けるのが憲法であるわけがない。あんな文句が書いてあるから9条も出てくる。あの前文は外国の統治下にあるということを宣言しているのと同じですから、憲法といってはいけないと、私は思っております。

占領軍は主権のない日本政府に、一方的に草案を押しつけて、国民はカヤの外でした。今となっては皆忘れていますが、占領軍は日本を30年間は統治する予定だったので、間接統治のための基本法が必要だったわけです。

ところが朝鮮戦争や冷戦などで国際情勢が変わり、講和条約を結んで独立した後も、自主憲法を制定せず、占領基本法のままずるずるとやってきた。

髙山　まさにカルタゴの敗戦条約とまったく同じですね。キューバという先例もあります。19世紀末、米国は斜陽のスペインからキューバとフィリピンを奪うために、スペインと戦っていた独立派のキューバ人やフィリピン人に「主権を尊重し、独立を支援する」「スペインを倒したら独立させる」と約束して介入しました。

スペインが早々に降伏すると、国務長官のジョン・ヘイは約束を破ってキューバを米軍の軍政下に置きます。その上で、独立運動を戦ったキューバ人指導者を中央から排除して、親米派の政権を擁立し、国務省が書き上げた新しいキューバ共和国憲法の草案の承認を迫りました。

草案には「キューバの外交、財政を米国が管理し」「それを遂行するために米軍の駐屯する軍事基地グアンタナモを提供する」条項があって、提案した米上院議員オービル・H・プラットの名をとって、プラット条項と呼ばれました。

キューバは反発しましたが、反対派の追放と分裂工作で1901年6月、憲法は承認され、「彼らは子供。自治は期待できない」とプラットが感想を話しています。

キューバ人は60年後、カストロの革命でやっとこの屈辱の憲法を捨てましたが、こうしたキューバの姿に、日本人は既視感を持たずにいられないでしょう。

マッカーサーは日本の指導者層をすべて追放し、工業力を破壊して農業国にし、教育から産児制限まで強制し、あげくに憲法を廃して米国製の草案を押しつけてきました。キューバと同じです。

草案はGHQの若僧たちが10日間で書き上げたもので、マッカーサーは「日本の政府は国民に対し邪悪な存在」だから、「戦争をしないよう軍隊を放棄させる」という2つの「滅びの条項」を入れました。

マッカーサーは「日本人の精神年齢は12歳」とプラットの口吻《こうふん》までそっくりマネています。

さらに日本が主権を回復する時、米国は講和条約調印と同時に日米安保条約を吉田茂に結ばせ、日本中、それこそ東京のすぐ横にまで「グアンタナモ」米軍基地を置く権利を認めさせました。

憲法改正とは、そんなマッカーサー憲法に則った手続きのことであり、改正ではなく破棄するというべきです。破棄した上で日米安保を改正し、日本からグアンタナモを追い出すのが手順でしょう。

渡部 だから憲法改正は明治憲法の改正条項に従って行うべきです。私は現行憲法の下での憲法改正に反対です。よく議論をしてみんなが納得できるような草案を作って、いまの憲法を無効にして廃棄しなければいけない。

例えば、ある日の午前11時55分に明治憲法に戻りますと宣言し、明治憲法の改正手続きに従って、12時までの数分で新憲法に切り替える。その改正に必要な時間はどれくらいが妥当かは、法律家にうまく処理してもらえばいいでしょう。

同様に、新憲法の中に、「旧戦後憲法」によってできた現行法は、新憲法が定める手続きに従って改正するまでは有効とする、という一文を付け加えて技術的な処置をした上で、おかしな法律を順次改正していけばいい。

今のマッカーサー憲法は、本当は憲法ではないと言い続けなければいけません。

髙山　明治憲法に戻っていいわけですね。

渡部　ですからあくまで日本国民の手で草案を作るという条件で、改正していいと思います。

明治憲法の改正は非常に簡単です。あれは議員の3分の2の出席を得て、しかも出席議員の3分の2の賛成があればいい。

一定の時間を取って手続きし、新憲法を発布する。非常に簡単なことを難しくしているのも敗戦利得者であり、憲法学者からはじまって、憲法を称える人々、占領政策を称えて儲けた文化人、マスコミ、そして政治力に変えてきた護憲派左翼たちです。

高山　それと米国の学者とメディア。集団的自衛権騒動の時に、カンザス州のウォッシュバーン大学法科大学院のクレイグ・マーチン准教授に「憲法を与党協議と閣議決定だけで武力行使できるよう解釈を変更するのは完全に違法」「国会で十分議論し、国民の合意を得て憲法改正すべきだ」とジャパンタイムズや毎日新聞で発言させました。

この傲岸な法学者は「日本の改憲規定は難しいというよりほとんど不可能だ」と正直に論評しています。

ニューヨーク・タイムズも「安倍の憲法解釈はアジアの緊張を高める」と題した社説を掲載しました。その中で「Japan's Constitution, written by the American Army（米陸軍が書いた日本国憲法）」と書かれています。

これまで日本では「現行憲法はＧＨＱの指導で松本烝治《じょうじ》らが書き、国会での議論と承認を経て成立した」と、あくまで日本人の作成だという説で、学校でもそう教えてきました。それが虚構だとはっきり指摘されている。ヴァンダービルト大教授のジェームズ・アワーは「マッカーサーは後に第９条となる条項を入れるよう部下に命じ、それ（１９４６

年のマッカーサー指令1）は当初日本に自衛を含め、いかなる目的の戦力も保持できないと述べていた」（産経新聞2014年4月16日）ことを明らかにしています。

表向きは平和憲法としながら、中身は、それこそ朝鮮あたりでも滅ぼせるくらい、日本を弱体化させようとする意図が込められている。

日本が勝手に9条をやめて普通の国になっては困る米国人が、連邦政府やメディアの中に存在しているのは確かです。そのために、改憲不可能にしてあるわけです。

朝日新聞は「たとえ押しつけであってもいいものはいい。70年間、国民が憲法を育んできた事実のほうがずっと重要だ」などといいます。しかし2016年8月15日、バイデン米副大統領（当時）も「we wrote the Japanese constitution（日本国憲法は我々が書いた）」と明言し、堂々と米国製を認めました。

すでに述べたように、米国はフィリピンとキューバに米国製憲法を押しつけ、植民地支配確立の証としましたが、キューバはカストロが米国を叩き出して憲法を書き改め、フィリピンもいつの間にか自分の憲法に置き換えています。日本だけが馬鹿みたいに、米国製を後生大事に温存している。

真実をバラしたところで、日本人には憲法を改正できる気概もないと見たか、いずれにせよマッカーサー憲法はなくならないと踏んでいるのでしょう。

米国の傲慢な台詞に、相変わらず受け身の対応しかできない新聞は、どうしようもない。何より日本人自身が核武装を含め、米国が日本と対等になることを許すはずがないと、洗脳されてしまっています。

自国を守らない国は生き残る資格がありません。日本を軸とする政治を進めていくことでしか、我々の未来は開けないのです。

皇室と日本史の一体性

髙山　憲法の次に、マッカーサーにいじくり回されて、まだ直せないでいる問題に、皇室典範があります。
戦後、新しい皇室典範と憲法の下で、宮家を一斉に皇籍から離脱させ、14家あった宮家は今は3家のみです。華族制度も廃止して、五摂家（藤原北家の流れを汲む、摂政・関白に任じられる近衛・九条・鷹司・一条・二条の五家）も殿上人（昇殿して天皇の側に仕えることが許される貴族の位）もすべて廃してしまいました。

少なくとも旧宮家を今すぐ元に戻して、早急にマッカーサーの痛手から立ち直らないと、由々しきことになる。

宮家を減らすべく皇室典範を変えたのは、皇室の根を切るためでした。いまや衰亡に任せるような事態になっています。

渡部　そう、宮家がどんどん減って、皇室が裸になってしまいました。

髙山　いまだにマッカーサーが決めたことに振り回されて、もうこうなったらしょうがない、女帝だなどと言い出す、あの神経が分からない。なぜ大本に立ち帰って、マッカーサーの悪意を見ないのか。

皇室典範も憲法と同じく、改正ではなく破棄しないといけません。GHQがやったのは違法行為ですから、早く決断すべきじゃないですか。

渡部　そうだと思いますね。明治22年、もとの皇室典範を作るきっかけは、それまで皇室に法律などありませんでしたので、皇室の家法も明文化しようということで、伊藤博文や井上毅《こわし》、さらに有職故実《ゆうそくこじつ》を知っている公家などが一堂に会して、どうしたら皇位が安定するか研究したものです。

調べてみますと、伊藤博文は幕末に密出国してロンドンに渡った時、頼山陽《らいさんよう》の『日本政記』を持って行っています。神武天皇から後陽成天皇にいたる編年体の歴史書ですが、これを精読していた勉強家でした。

また井上毅は「天才」といわれた人で、元来はフランス語から入った学者ですが、法律にかかわるようになってからは、岩倉具視《ともみ》の指示もあり、すぐれた国学者について、日本の歴史を徹底的に勉強しました。

そういう人が素案を作り、明治天皇のご臨席で、一つひとつの条項が決まっていった皇室典範に、歴史を知らない人々が軽々しく手を加えようとするのは、許されないでしょう。

髙山　それが欧米植民地主義の発想でしょうね。白人側に寝返った蔣介石のアドバイザーを務め、国民党軍を使って日本軍の足を引っ張らせた先述のオーウェン・ラティモアは、天皇を廃さねばならないと強く主張し、陛下と男子皇族をシナに流すと語っていました。

歴史を見れば、英国がインドを征服した時、ムガール朝の老皇帝バハードゥル・シャー2世をビルマに流しています。

それからビルマを英緬《えいめん》戦争で滅ぼした時には、コンバウン朝最後のティーボー王夫妻をボンベイ、今のムンバイに流して幽閉しました。

フランスが仏印を植民地にした時は、最後まで抵抗した阮朝《げんちょう》第8代皇帝の咸宜帝《かんぎてい》（ハムギ帝）をアルジェリアに流しています。

国の心棒を抜いて、一つの国であろうとするシンボルの国王を流刑にするのは、民の結束を弱める有効な方法というわけです。

ただし、いくら馬鹿なマッカーサーでも、それを日本でやったら大変なことになる、というくらいの分別はありました。

渡部　そう、戦後に天皇陛下が日本中を回られた時の、あの歓呼の声を目の当たりにしたら、いくら占領軍でも、これに手を出したら大変なことになると分かったでしょう（笑）。

流されたアジアの王様たちは、ひょっとしたら民草からの人気がなかったかもしれないけれども、日本人は違いました。

髙山　GHQが度肝を抜かれたのは、天皇陛下が敗戦翌年から、時をおかず全国行幸された際の、日本人の姿だったようです。

昭和21（1946）年2月に川崎と横須賀、新宿へ行かれたのを皮切りに、全国を旅されると、もうどこに行っても、陛下バンザイで大歓迎。広島では7万人もの市民が原爆の焼け跡につめかけて、バンザイとどよめいたので、怖れをなしたお付きのMPがバンバンとピストルを撃って、集まった民衆を蹴散らしたほどです。

それまでGHQは、天皇陛下が各地を訪れると、日本の戦争犯罪を宣伝するウォーギルト・インフォメーションに影響を受けた民衆が怒って、「チビで眼鏡の男に罵声と投石が浴びせられるだろう」と考えていた。

だから警護のためにMPを付けたのに、まったく逆の現象が起きたので、行幸が約半年間、中断したくらいです（21年11月の茨城から、22年6月の大阪までの期間）。


渡部　私は昭和22（1947）年8月、陛下が山形県鶴岡市に来られた時のことを今でもよく覚えているんです（15〜17日に山形行幸）。

ちょうど夏でしたから、私どもは最上川の支流の川で泳いでいた。すると向こう側の土手に、山形方面から来て鶴岡市内に入る、見たことのない車が3〜4台現れました。「あっ、天皇陛下がいらっしゃる日だ」と思い出して、泳いでいた連中が、あわてて上着だけひっかけて、次に渡る橋へと駆け寄り、裸同然でお迎えして、私は天皇陛下が乗った車に手を伸ばして触った覚えがありますよ。

後から思い返して驚くのは、車列に護衛がなかったことですね。その必要がなかったんです。

髙山　そうですか。ＭＰが付いたのは最初だけで、再開してからは付かなかったわけですね。

渡部　その昭和天皇が亡くなった時、大喪の礼に警護が必要になり、警視庁をあげてお守りしなければならなくなった。実際に御葬列を狙った小規模な爆発事件が起こりました。

これを見て、ああ何という変化だと思いました。私は護衛の付かない天皇陛下を数人のいたずら小僧とお迎えして、お車に触っても誰も止めない、本当に何もお守りする必要のないほど国民に愛されていたのです。

しかし戦後、その昭和天皇が亡くなるまでの間に、日本人に対してどういう洗脳が行われたか。やはり朝日新聞と日教組が徹底的に日本の戦争責任を宣伝したことが大きかったですな。

髙山　新聞記者時代に強く印象に残った、東アジア反日武装戦線による連続企業爆破事件のエピソードがあります。

昭和49（1974）年、丸の内の三菱重工ビル前に「狼」を名乗る黒ヘルの連中が爆弾を置いて爆発させた事件は、産経新聞が犯人逮捕を特ダネで抜きました。

私は取材班の指揮を執った人から聞かされた話を鮮明に記憶しています。爆弾を仕掛けた大道寺将司が最初に狙ったのは、実は那須の御用邸からお帰りになる、陛下のお召し列車だったというんです。

前々日から現地に入って準備していた。ところが真夜中に一度仕掛けに行って途中でやめ、翌日夜も行って断念したといいます。そのたびに、どうも人に見られているような気がして、どうしても爆弾を仕掛けられなかったと供述しています（「虹作戦」8月14日未遂）。

最終的に丸の内の三菱重工ビルに標的を変えて、8人の死者が出ました（「ダイヤモンド作戦」8月30日、負傷者376名）

渡部　もとは天皇陛下を狙ったものだった。

髙山　そうです。その話を聞いた時、何か、よく分かるような気がしました。大道寺将司が二度試みて、二度とも「人が見ている」と断念したのは、彼のどこかに残っていた日本人の意識がそうさせたんでしょう。

やはり日本というのはどこか違うと思いましたね。

よその王室ではこういうことはない。本当に稀有の存在です。あのマッカーサーが君臨していた時ですら、天皇陛下は国民意識においても国の中心でした。

マッカーサーはくだらない悪だくみで、それを潰そうとしたけれども、国民の陛下と皇室に対する敬愛の念は、今なお健在です。

歴史の重みが民衆レベルでの一体感を生む

髙山　1993年、私がロス特派員で米国にいた時、たまたまクリントン主催のAPECが開かれました。

日本からは細川護熙《もりひろ》が来て、マハティールが日本とASEANで東アジア経済協議体（EAEC）という経済機構をつくろうと呼びかけていた時代だから、APECでそれを潰そうとしていた。

シアトルで各国の首脳が並ぶ中、クリントンが腰をかがめて、細川護熙を案内していた姿に驚きました。まるで劇場の「お席はこちらです」の案内係（usher）のように、細川の前を、腰をかがめて行く。

彼はその後おかしくなったけれども、アーカンソーのドン百姓と400年間続いてきた大名家では、おのずと品格の違いが出ます。

日本のことなど何も知らないクリントンでさえ、やはり歴史を背景とする風格のようなものを彼に感じていた。細川自身が気付いていないだけで。

渡部 そう、本人が気付いていない（笑）。おもしろいですね。

髙山 彼も不思議に思わなかったのでしょうか。どうしてクリントンが腰をかがめて俺を先導するんだろうって。テレビを見ながら、頭を下げたりなんかしないで、胸を張って案内させればいい、と思っていました。日本にはその場面は放映されなかったかもしれません。向こうの番組では延々と流していました。

渡部 なるほど。長い歴史がつながりをもって感じられ、公家や大名家が今にいたるまで存続してきたのも、勝者が徹底して復讐することがなかったからです。

だから日本では、国体が何度か変化しても、天皇を戴くという根本は断絶しませんでした。例えば明治維新があっても、徳川家が二代にわたって貴族院議長を務め、幕藩時代の大名が華族として待遇されたのは、いわゆる革命とはいいがたい。

かつて朝敵といわれた会津松平家の娘さんが皇族と結婚するなど（秩父宮雍仁《やすひと》親王妃）、融和を進めたわけです。

髙山 遡ってみれば関ケ原の後始末も、西軍に参加した大名を外様として存続させ、日本全体で和をもって尊しとした。これも欧米の歴史にはなかなかないことですね。

渡部　だからこそ日本人はどこかで、やはり日本人同士だという感覚を持てるわけです。神話の時代から歴史が地続きであり、例えば『古事記』が成立した712年から続く歴史をもっている近代国家はありません。

神話上で国を造った女神・男神の直系の子孫の系図が残っており、それが皇室につながっている。神話から今の世代にいたるまで系図がつながっている国なんて、ギリシャ神話でもゲルマン神話でも、ありえないですよ。

そうすると、やはり一体感がほかの国とは違うのではないですか。

外国人に説明して驚くか信じるか分かりませんけれども、2014年、高円宮家のお嬢様である典子《のりこ》女王と出雲神社の権宮司《ごんぐうじ》（父の宮司に次ぐ地位）の千家国麿《せんげくにまろ》さんが結婚しましたね。それはどこまで遡るかというと、皇孫である瓊瓊杵尊《ににぎのみこと》の子孫が高円宮家で、瓊瓊杵尊の弟が千家家の先祖になるわけです。つまり、神代からのつながりです。

そんないにしえの時代から、両家ともずっと系図がつながっていて、神社まで現存している。神社も系図も、ともに実物が残っているわけです。

この話を外国にあてはめてみますと、トロイ戦争で攻めていったアカイアのアガメムノンの子孫が、まだ現存して神殿を守っていて、攻められたトロイの子孫もまだ残っており、そのお嬢さんとアガメムノンの子孫が、系図も残っている上で結婚するような、まあ考えられない話になるんです（笑）。

それが考えられるどころか、実現しているじゃないですか。

出雲大社は『古事記』のオオクニヌシの国譲り伝承に出てきますね。国を譲る代わりに、壮大な出雲大社を建てるように要求した話です。「底つ石根《いわね》に宮柱太しり、高天原に千木《ちぎ》高しりて治め賜はば、僕《あ》は百足《ももた》らず八十隈手《やそくまで》に隠りて侍《さもら》ひなむ」（土の底の石根に届くまで宮柱を据え、高天原に届くほど高々と千木を立てた大社を建ててくれれば、私は国を譲り、鎮まって籠りましょう）と書いてあるその通りのものが、出雲大社に残っています。神話の時代の建物の形が残されている。

もっと簡単な話で、東西南北といいますね。このうち西・南・北の読み方は2つだけです。西はセイとにし、南はナンとみなみ、北はホクときた、音と訓です。ところが東だけは3つあるんです。トウとひがしとあずま。これがなぜかといえば、日本武尊《やまとたけるのみこと》の東征神話です。房総半島に向けて海を渡るために、后《きさき》の弟橘比売《おとたちばなひめ》が入水して荒波を鎮めた犠牲を「吾妻はや」と嘆いたのが、東国を「あずま」と呼ぶ起源になりました。この神話によって、あずまという読みが現代まで続いているわけです。

独特な国であり、一種の奇跡といってもいいでしょう。

高山　その神話を頭から否定して、歴史のつながりを断ち切ろうとしたのもマッカーサーでした。

それでも、神話の時代から有史時代へ、歴史のつながりが感じられるのは、古いものが保存され、日本社会に生き続けているのを実感できるからです。

例えば最近、縄文時代の研究が進んで、日本は世界のはずれの辺境だとずっといわれていたのが、まったく違っていたことが分かってきました。

とても華やかな装飾品や交易品、平等で人間味のある社会を築いていた縄文時代が、その後の日本文化の基盤を作った。土器も世界に先駆けて作られていました。

こういうことを日本人は知らないし、知らせようとしない新聞やメディアがある。

日本人は、それこそ縄文の昔からずっと、クリやヒエを植えて、豊かな自然と調和しながら暮らし、世界に先んじて洗練された集団生活を営み、それが今日の社会や組織のあり方にまで連綿と受け継がれてきたのです。

そうでなければ、これだけ成熟した民主国家はできません。

渡部　そうですね。

髙山　先日、壱岐に行きました。『日本書紀』に出てくる月讀神社（京都の月読神社の元宮）、天照大神の弟で素戔嗚尊《すさのおのみこと》の兄神である月読命《つくよみのみこと》の神社がちゃんと残っていました。元寇で荒らされても何ら影響を受けず、神社が大切にされていて、おもしろいことに壱岐にはお寺がなくて神社ばかりなんです。

日本のあちこちを訪ねると、神話がそのまま神社として形を残していて、仏教伝来より前の歴史がしっかり保存されている。古来からのものが受け継がれていることを実感します。

渡部　占領軍は「天皇が神ではない」ことを示すために神道指令（禁止令）を出して日本の宗教に干渉してきました。

例えば神宮皇學館という学校は一時廃止され、國學院大学でも「古事記」を教えることができなくなった。しかし私のいた上智大学では、教養科目で古事記の講義があったのです。

私はこの講義に出席して古事記そのものを読み、神話が日本人の歴史観の根底をなしていることを知りました。戦後70年経ってもなお、その事実は変わりませんし、むしろ多くの日本人がそれに気づくようになっています。大した変化です。

伊勢神宮にあらわれた日本のかたち

髙山 マッカーサーの悪口はすでに話しましたが、彼こそ伊勢神宮に行くべきでした。評論家の加瀬英明さんから聞いたエピソードがあります。彼はオノヨーコの従弟（オノの義理の伯父が加瀬氏の父）にあたります。

ジョン・レノンは伊勢神宮に打たれて、イマジンという歌を作ったというのです。キリスト教の天国とか地獄とかいう観念はあってはいけないものだ、人間が自然の一部であるということは、こういうものだと、伊勢神宮の思想に啓発されたそうです。

もちろんオノヨーコが吹きこんだ考えもだいぶ含まれているようですが、でも、それが伊勢神宮を訪れた人の普通の反応ですよ。

渡部 1300年以上、建て替え続けているわけですから、それはアテネの丘の上の廃墟とは違うんです（笑）。

高山　米国というのがいかにとんでもない国か、爆撃機に乗っているのは歴史など何もない国の操縦士で、どこそこに落とせと、ターゲットの場所だけ指定されて、あれほど美しい名古屋城を、焼夷弾を落として燃やしてしまう。明治神宮もそうでした。

文明に対する野蛮な破壊行為ですが、だからこそ、その罪は日本側にあると言い続けなければならなくなっている。

それから熱田神宮も爆撃しました。けれども、爆撃しようにも森ばかりだから、どこにどう落とせばいいか分からない（笑）。多少の戦災は被りましたが、三種の神器は残りました。

熱田神宮では、伊勢神宮の式年遷宮の後、使われた柱をいただいて使うことになっています。いくら米軍が爆撃しても、そういうしきたりは残るし、マッカーサーがどんな悪だくみをしても、日本の歴史あるしきたりは、潰れようがなかったわけです。

渡部　そうです。米軍は京都御所も爆撃しましたが、意味のないことでした。

平安時代の日記を見ますと、御所に泥棒が入ることがよくあった。京都御所の塀など低いもので、泥棒が入れるくらい警備もいいかげんだったわけです（笑）。

泥棒は入るけれども、しかし天皇にとって代わろうとする者はいない。日本史全体を通して見ても、蘇我蝦夷、道鏡、足利義満くらいしか出なかったし、彼らの試みはあえなく潰えています。このあたりに天皇の秘密があります。

平安時代にわが世の春を謳歌した藤原道長のような権力者でも、皇位は狙おうとしません。それは藤原家が瓊瓊杵尊の天孫降臨につき従った、天児屋命《あめのこやねのみこと》を先祖とする家系だったから、決して天皇になる身分ではないと考えたわけです。

髙山　米国は破壊者の発想で、靖國神社も潰そうとしました。先ほど先生がおっしゃられたように、プロテスタントは妻帯して家計を持つから、どうしても卑しい仕事に手を染めるわけですが、カトリックが立派だなと思ったのは、マッカーサーが威を張って、上智大のブルーノ・ビッター神父に、靖國を焼き払う計画への意見を求めたけれども、ビッター神父はそれに反対し、マッカーサーを諫《いさ》めた。

渡部　廃社にしてドッグレース場にするという話があったそうですね。

髙山　国家のために死んだ者に敬意を払うのは、戦勝国か敗戦国かを問わず、平等の真理だと。靖國を焼き払ったら米軍の歴史にとって不名誉な汚点になると、逆に説教して、マッカーサーは諦めました。

渡部　ビッターさんという方は、経済学部の教授だった人です（学長ではありませんでした）。

私もお世話になりましたが、当時もう引退されていました。法王庁の代理だった方だと思います。

髙山　だからマッカーサーが意見を聞いたわけですね。ローマ法王庁の代理にマッカーサーがもちかけて、逆に諫められた。

渡部　アメリカにも何千万というカトリック信者がいますから、マッカーサーも無視できません。

プロテスタントは容共の側面がありますが、ローマ法王庁は反共だったことも重要でしょう。バチカンは世界に情報網を持ち、日本は真の反共国家だと知っていました。だから満洲国も承認したわけです。

髙山　もう一つの問題として、先生におうかがいしたかったのは、内村鑑三がやたらにアメリカを崇拝して、「初夢」という詩を書いていることです（明治四十年一月の『聖書之研究』に掲載）。

神の恩恵の露が富士山頂に降って麓《ふもと》を潤し、太平洋を渡ってアメリカ東部の聖地を清めて、ロッキー山脈で黄金の像を崇めるやつを滅ぼして、水が大洋を覆うように、主を知る知識はすべての地に満ちあふれ、この世はキリストの王国となったという希有壮大な内容です（恩恵の露、富士山頂に降り、滴りて其麓を霑《うるお》し、溢れて東西の二流となり……其東なる者は大洋を横断し、ロッキーの麓に金像崇拝の火を滅し、ミシシピ、ハドソンの岸に神の聖殿《みや》を潔め、大西洋の水に合して消えぬ……斯くて水の大洋を覆ふが如くエホバを知るの智識全地に充ち、此世の王国は化してキリストの王国となれり）。

まだ米国の中心が東海岸にあった時代ですが、この国をキリストの祝福に満ちていると考え、ロッキーの偶像崇拝の異民族をやっつけろと書いている。

意味が分からなかったのは、内村鑑三はインディアン退治を正当化していたのかなと。

渡部　それは西部劇によく表れていたような、アメリカのフロンティア精神に影響を受けたのかもしれません。明治の社会主義から現代のＳＥＡＬＤｓまで、内村鑑三が主張した日本の無教会派のプロテスタントは左翼と相性がいいのです。

社会を変革するために激しく戦う、ピューリタン以来のアメリカのプロテスタントの戦闘性が、社会正義実現のための運動として、日本の左翼に思想的な影響を及ぼしたのではないですか。

フロンティア開拓には異民族・異教徒の征服と犠牲がついて回るわけですが、さすがにアメリカでも西部劇はすたれました。「ダンス・ウィズ・ウルブズ」といういい映画がありましたね。あれを見ると、やはり多少は悪いことをしたとの認識が広がって、インディアンは悪いやつという単純な映画は作れなくなった。それは良い変化でしょう。

髙山　米国はこれまで、好き勝手に非道を行ってきたわけですが、それでも日本に戦争を仕掛けたツケを払わされています。

日本を滅ぼすために戦争に引きずり込み、「彼らを根絶やしにしろ」というワシントン流の作戦で女子供を爆撃し、皆殺しにして、日本が二度と脅威にならないよう軍隊を取り上げる憲法を押しつけたまでは予定通りでしたが、朝鮮半島の民は鏡を見ているかのように米国に似ていて、不実で残忍で嘘つきでした。

日本はよくまともにこんな民を指導してきたものだと感心する間もなく、朝鮮戦争が起きる。日本を浅はかにも潰した責任上、米国が対応しますが、ために3万6000人もの米兵を死なせてしまいます。

それに続いたのがベトナム戦争です。ドゴールが栄光のフランスのために植民地仏印を返してくれと頼んできたので、F・D・ルーズベルトも認めましたが、ベトナム人は日本軍の背中を見て育った。そして独立戦争を戦い始めます。まず宗主国フランスが負け、仕方なく米国が、白人支配体制を復活させる責任を負ってベトナム戦争に介入して、さらに

5万8000人の米兵を死なせました。

いずれのケースでも米国は、日本を再軍備させ戦わせようとしましたが、「あんたが押しつけた憲法があるから」と吉田茂が断った。日本を潰したツケとして対日戦争に匹敵する人的損害を蒙《こうむ》ることになった。

米国は今、中国の軍事的増長を受けて、日本軍の復活を陰に陽に促しています。かつてアレン・ダレス（CIA長官）が画策して失敗した「アジアの紛争処理係・日本」を実現したいと思っているのでしょう。

悪い流れではありません。これを利用して日本がまともな国に立ち戻り、米国人の選民意識を反省させながら、中共を少々痛めつけて、身のほどを知らせるのは大事なことでしょう。

渡部　日本は過去にアジア各国の独立を促し、そして今、力によって国際秩序を変更し、世界を混乱に陥れようとする中国に対峙し、牽制する立場になっています。

東京裁判史観であれほど「日本は悪いことをした」と洗脳されながら、安倍さんの奇跡的復活で、再び、国際政治のキープレーヤーとして、平和的に紛争を解決する働きを期待されている。近現代の世界史の節目で不思議な役回りがめぐってくる国なのです。

海外でごたごたが報じられると、いまだに、必ず円が上がりますね。これは誰が何といおうと、世界の金持ちは日本が一番安定していると認めていることになります。世界中の資金が安全な日本円に集まってくるわけですから。

高山　あれだけ悪い国だ、遅れた社会だと批判されてきたのに、信じられないことです。地政学的に、大陸と日本が地続きでなくて本当によかったと思いますね。

日本は孤立しているべきで、孤高のままでいいのに、国際化すべきだ、孤立はいけないとメディアは主張してきました。そんなことはありません。先に触れた伊勢神宮のように、日本は黙っていても向こうから訪ねてくる国なんです。

渡部　日本への追い風は、イギリスのＥＵ離脱にも示されています。国境をなくしてなるものかという意思が示されたわけですから。

高山　英国は、昔駐日大使だったコータッチ（Hugh Cortazzi、80年から84年にかけて駐日英国大使）が、ひまさえあればアジアを植民地にした、歴史を書き換えるな、安倍は極右だと、日本の悪口を書いてきました。

ところがＥＵ離脱を決めたイギリスに、日産自動車が継続的な投資と、製造工場を維持する決定をしたら、ジャパンタイムズに大歓迎する寄稿をしていました。

あれだけ反日だったのに、お前どうしちゃったの？　と言いたいくらい、「英国の中に日本を維持する（Keeping Japan in the U.K.）」という見出しで、英国が頼るのはやはり日本であると、ぬけぬけと書く。

渡部　それはグローバル化に対する一つの反応です。反グローバリズムの象徴、先駆者として日本に役回りがめぐってきているわけです。安倍さんは世界のリーダーとして、混乱を増す世界情勢の中で秩序と平和の維持に大きな貢献をしている。日本も安倍政権も安定していることが、いま、何より大事なことなのです。

髙山　やはり日本というのはどこか違う。米国でトランプが大統領になり、トルコはエルドアンが出て、インドはモディが出て、ロシアはプーチンがいて、日本には安倍晋三がいる。単なる偶然とは思えません。

第四章　最大の戦後レジーム・朝日新聞のメディア専制

かげりが見えた朝日の天下

渡部　私は髙山さんのお書きになるものを、見逃さず読むようにしていますが、本当に痛快ですね。これだけ徹底して、朝日を批判し続けたのは髙山さんしかいません。

ここ数年、朝日新聞の神通力が衰えてきて、日本の言論人が南京虐殺を言いふらしたり、慰安婦でも何でも、日本を攻撃しているだけでは社会的地位を得られなくなってきました。

多少の知識人なら、いまや朝日ではなく産経を読んでいないと、発言できないと感じているのではないでしょうか。

髙山　ありがとうございます。朝日にはいまだに、これはおかしいと思うような記事ばかりが載っています。

日本を立ち直らせるには、メディアが真っ先に立ち直らないといけない。

米国がいい例で、トランプがなぜ大統領になったのか、いまだにメディアは分かっておらず、現実を認めまいと総攻撃を続けている。安倍政権に対しても同じことが起きています。

渡部　憲法と占領政策を称える連中はどうもおかしい、まともなことをいう人は、どうも敗戦利得者にはいないようだと、多くの人が気づくようになっています。

日本を攻撃して儲けてきたマスコミや文化人は、口移しで後進にも同じことをいわせて、日教組も子供たちに「すべて日本が悪い」と教えてきました。

敗戦利得者たちの悪影響はいまだに尾を引いていて、反日的言論で地位を築いた人は、新たな歴史的事実が出てきても、メンツがあるからいまさら持論を引っ込めるわけにはいかないでしょう。

髙山　まさに朝日新聞がそれだと思いますが、戦後の出発点となる時期、朝日のコア（核）となっていたのは米国との非常に深いパイプです。緒方竹虎（朝日新聞元主筆、代表取締役）しかり、笠信太郎（朝日新聞元論説主幹）しかり。

緒方は政界にも進出しましたが、CIAの協力者であり、ダレスの対日工作のエージェントでした。

アメリカが最も恐れていたのは、日本が戦前のように力をつけて中国を従え、日支が協力して手を携えれば、世界の覇権を取らないと誰が断言できるか、とムッソリーニが心配した事態であり、これこそ「イエロー・ペリル（黄禍）」と彼らが呼んだものの正体です。そうならないように、極東アジアの国際情勢、日本とその周辺は常に不安定にしておく。日本と朝鮮と中国の対立状態を継続させて、日本国内も混乱させる。

こうした戦略の信奉者であるダレスとつながっていた緒方竹虎が１９５６年に急死すると、笠信太郎がスイス以来のよしみで後を引き継いだ。

笠信太郎はヨーロッパ特派員として滞在していた45年のスイス・ベルンで、米国ＯＳＳ（戦略情報局、ＣＩＡの前身）支局長だったダレスと、水面下の対米和平交渉を行っていた縁がありました。

米国とつながっていた証拠のひとつが60年安保の七社共同宣言です。朝日は59年に『朝日ジャーナル』まで創刊して、安保反対、自民政権打倒を煽り立てます。

デモ隊と警官隊の衝突で東大の学生だった樺《かんば》美智子が死亡しました。すると警視庁発表で約13万人（主催者発表33万人）のデモ参加者が猛り狂い、騒然となる。ほとんど革命前みたいな熱気がみなぎると、笠信太郎が在京新聞社・通信社を集めて「暴力を排し　議会主義を守れ」との共同社説を掲載させた。仕掛けたのは電通といわれていますが、私は笠信太郎に間違いないと見ています。

渡部　なるほど。あれはハシゴを外したようなものでしたな。

髙山　土壇場で革命が起きるのを禁じた。『朝日ジャーナル』も含めて、朝日の路線はずっと安保条約改定反対と岸内閣退陣でした。

政府を倒し、国会議事堂の占拠まで煽っておいて、ここで本当に革命が起きてしまい、日本が不安定を越えてホントに社会主義国家になってしまったら米国の思惑を飛び越えてしまう。急ぎ手を打ったということでしょう。

笠信太郎が米国の代理人となって集めた七社には、共同通信も入っていますから、地方紙にも配信され、社説として掲載されます。

6月15日の樺美智子の死であれだけ暴れたデモ隊の連中が、17日の七社共同宣言で、18日以降ピタリと沈静化してしまいます。完全なメディア専制でした。

渡部　その通りで、絶大な影響力を持っていました。

髙山　その後、今にいたる朝日の論調をどう考えるべきか。長谷川熙《ひろし》や永栄潔《ながえきよし》などの朝日OBは、朝日新聞はマルクス主義に占領されているから「日本が悪い」という価値観で事実を見る目が曇るのだといいます。私は、それは違うと思いますね。マルキシズムという思想にかぶれているからではなく、「反日だったらなんでもよろしい」という、放恣《ほうし》な思惑しかない。

それでも、笠信太郎の時代までは、米国のコントロールの下、メディアが政治と社会を混乱させ、安定させなかった。でも、革命までは許さないという最後の一線が存在していました。

しかし笠信太郎が亡くなると、対米窓口役を引き継ぐ人材がいなくなった。だから、手綱を外された（unleashed）犬みたいに、反日を吠えてあたりかまわず走り回っているのが、今にいたる朝日新聞の論調です。マルクス主義とはあまり関係ないように思います。

その証拠となる記事があります。2010年9月11日付の夕刊「レイテ　老いゆく証言者たち」という連載記事で、「レイテで草ぶきの簡素な家に住むフランシスコ・ディアスさんは95歳。首の後ろにある小さな握り拳ほどの大きさのこぶをさすりながら記憶をたぐった」。老人の後頭部を写した写真が載っています。

「日本占領下の1943年、ディアスさんは日本兵に頼まれて仲間数人と川で水をくんでいた。そこに別の日本兵の一団が来た。兵士は銃でディアスさんの首を殴りつけた。こぶはその時にできた」。銃の台尻で殴られたコブが、70年間腫れっぱなしだというわけです。

渡部　こんな首のうしろにタンコブは生えません。見てすぐに分かりました。私も最近転

日米決戦の島 忘れたい記憶

日本軍が「太平洋の天王山」と呼び、米軍のマッカーサー元帥が「アイ・シャル・リターン（私は戻ってくる）」の約束を果たす地と決めた太平洋戦争の決戦場、フィリピン・レイテ島。日米両軍の間でほんろうされ、大きな犠牲を払った島民の高齢化が進む。戦後65年の今夏、レイテ島の戦い＝＝を記憶にとどめる人たちを訪ねた。（四倉幹木）

レイテ 老いゆく証言者たち 上

マッカーサー元帥の上陸地点には記念の像が立ち、観光地となっている＝島北部パロ

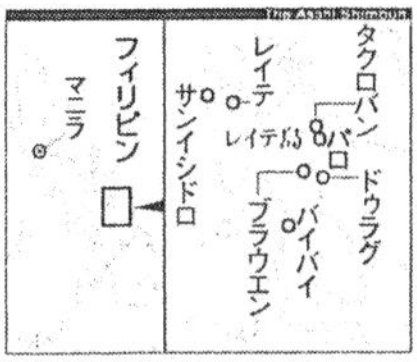

母の前で襲われた娘

島北部の町レイテで草ぶきの簡素な家に住むフランシスコ・ディアスさんは95歳。首の後ろにある小さな握り拳ほどの大きさのこぶをさすりながら記憶をたどった。

日本軍占領下の1943年。ディアスさんは日本兵に頼まれて仲間数人と川で水をくんでいた。そこに別の日本兵の一団が来た。兵士は銃でディアスさんの首を殴りつけた。こぶはその時にできた。抗日ゲリラと疑われたようだった。仲間は射殺された。

ディアスさんは野営地へ帰る日本兵らに小舟で海へ連れ出されたが、浸水して舟が沈み始めたすきに海に飛び込み、泳いで逃れた。

その足で両親の住む島北部の町タクロバンに向かったが、そこで見たものは燃え落ちた実家だった。裏で母が息絶えていた。背中を2カ所撃たれていた。妹は少し離れたヤシ林の中で死んでいた。父の行方はいまも分からない。

住民の反日感情が強く、抗日ゲリラの活動が活発だった地域では、日本軍はしばしば住民を襲ったという。

タクロバンの南約10キロの町パロに住む、元抗日ゲリラのアントニオ・マルガリオさん(83)が記憶しているのは、日本兵にレイプされたという女性だ。

44年2月のある日、隣村の2人暮らしの母娘が襲われたと聞いた。仲間と行ってみると、竹造りの粗末な家に、18歳の娘が足の間から血を流して横たわっていた。かたわらで母親が「銃を持った日本兵1人が来て犯した。身がすくんで助けられなかった」と訴

10月、マッカーサー元帥がパロに上陸した。島北西部に追いつめられて飢えた日本兵は食料を求めて周辺の村を襲うようになったという。同年暮れ、サンイシドロ近郊のセザール・ララサバルさん(78)の村に日本兵の集団が来た。やせこけて恐ろしい形相だった。村人は逃げた。

途中で親類の家に立ち寄ると、80歳の大叔父が倒れていた。胸の刺し傷にウジがわいていた。連れて逃げることはできなかった。日本兵が去って村に戻ると、遺体はなく、庭に頭蓋骨《ずがいこつ》だけが転がっていた。獣が食べたのか。家族で泣きながら埋めた。

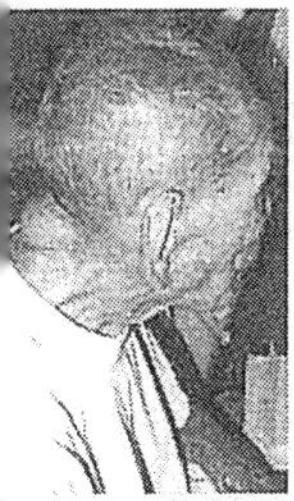
亡くなったディアスさんの首には日本兵に殴られた時のこぶが残っていた

元抗日ゲリラのセビリャノさん＝いずれも四倉写す

子や孫に話さぬまま

日本軍が三つの飛行場を建設した島中部ブラウエンのアントニオ・セビリャノさん(86)の記憶の中で、日本兵は二つの顔を持っていた。

普段の日本兵は町の人と談笑し、歌を教えてくれることもあった。そうした日本兵が、隣の集落の女性と8歳の息子をゲリラに協力したという嫌疑で処刑したと聞いた。

セビリャノさんは抗日ゲリラに加わったが、43年8月に初めて戦ったのは日本軍ではなく、主導権を争う別のゲリラグループだった。敵も味方も貧しい身なり。味方はヤシの葉の首飾りをつけた。西岸の町バイバイで半日以上続いた銃撃戦が終わると、首飾りをつけた死体は18を数えた。こうした戦いで命を落とした若者も少なくなかった。

「解放者」として上陸した

性は、日本軍による被害よりも多かったという。

レイテ湾を望むドゥラグは「リトルトーキョー」と呼ばれるほど日本兵が多く、住民との関係も良かったとエメリンシアナ・ピガエルさん(84)は話す。だが、米軍上陸からほどなく町は消えた。

空襲を避けて避難した隣村も上陸作戦を支援する米艦隊からの砲撃にさらされた。「ボンボンって、生きた心地がしなかった」。3日後にドゥラグに戻ると、家1軒を残して町は跡形もなくなっていた。親類5人が家の下敷きになって死んでいた。

「島民の被害の多くは米軍の砲撃が原因。なかでもドゥラグへの艦砲射撃は最大の犠牲を生んだ」。レイテの戦いを研究している同島出身のロランド・ボリナガ・フィリピン大教授は言う。「ただ、我が国で教えるのは『米国が占領者・日本から母国を救った』という単純な構図だけ。戦争体験者の証言を次世代に伝える取り組みは弱い」

当事者の「忘れたい」という思いが記憶の風化の背中を押す。大叔父を殺害されたララサバルさんは「あんなことはすべて忘れた方がいいのさ」と、子や孫に戦争の話をしたことはない。「もう終わったことだよ」と首のこぶをさすりながら言ったディアスさんは7月、取材の9日後に亡くなった。

んでものすごく大きなコブが出ましたが、コブというのは引っ込むものです（笑）。70年間引っ込まないコブはありません。

髙山　ただの脂肪瘤をコブだと言い張り、大きくカラー写真入りで載せ、デスクも注意しない。じゃあ金日成は日本軍に殴られてコブができたのか、誰でも嘘だと分かる話です。日本軍は残虐だったと言いたいがために、半世紀以上隠されてきた生きた証だという馬鹿げた記事を載せる。

これが何を意味するかといえば、裏も取らずに書いている記者も、上司も100％それが嘘と知っている。新聞記者として真実を伝えようなんて気持ちもない。ひたすら日本人と日本軍を貶める。

日本軍の悪を宣伝するためなら、嘘でも何でもかまわないという論調がよく表れています。

2016年、中日新聞と東京新聞が、「新貧乏物語」という連載記事で、女子中学生の貧困のエピソードを記者がねつ造し、「原稿をよくするために想像して書いてしまった」と5か月後に嘘を認めました。公表するだけましです。朝日は、嘘の記事を嘘と認める自浄作用も、能力もないのです。

渡部　でたらめな記事をチェックしないのなら、何のためのデスクか。いいかげんな連中が反日で「ワッショイ、ワッショイ」とやりながら作っている印象です。

髙山　反日無罪を唱えるためだけに存在している、おかしな新聞です。こういう誰もが嘘と分かる記事を書き、写真を載せて恥じない。読者も「日本軍はひどいねえ」と信じて読んでいるわけですから、どうしようもありません。

渡部　おもしろいですね、消えないコブの研究なんて（笑）。

髙山　天然記念物です。世界遺産になりますよ（笑）。

渡部　朝日のおかしな記事は最近もありました。2016年8月15日の終戦の日の天声人語に、特攻隊の整備兵の証言として、飛び立つ日の特攻隊員の姿を「失神する、失禁する、泣きわめく、きれいなことを言って飛んでいった人もいたが、ほとんどは茫然自失だった。それを私たち整備兵が抱えて乗せたんです」という話を引用していた。

私は当時のことを多少知っています。その場に行くまでは悩んだり泣いたりする人もいたかもしれませんが、いざという場面でそういう姿を見せることは、当時の日本の男はやりませんね。

もし泣きながら乗せられた人なら、当時の飛行機は計器に頼らず、操縦者の技量で飛びますから、自失してまともに操縦できない機体はどこに飛んでいくか分かりません。それなのに、本当の故障以外はみんな立派に任務を果たしていきました。

これは明らかに、日本軍を貶めるための記事です。そんな整備員がいるなら、どこの部隊のなんという名前か出せと私たちは言っているわけですが、出てこないんです。

髙山　それこそ朝日がお家芸として繰り返してきた、伝統の手法です。

伝聞話を特ダネにした、いい例が吉田清治の証言記事でした。下関の労務報国会の職員の言い分をそのまま載せ、「陸軍兵士を指揮して昭和18（1943）年5月、済州島に上陸し、205人の若い女を強制連行した」「女たちは皇軍兵士の慰安婦にされ、最後はみな殺された」とスクープした。

これが真っ赤な嘘と朝日が認めるまで、30年もかかりました。

その間に松井やよりが舞台を釜山に移して、日本人巡査が若い女を攫《さら》ったと報じる。スピンオフ第一弾です。

女は軍艦に乗せられて、釜山からシンガポールまで連れていかれたという。釜山から出港したら記録もはっきりしているから、その軍艦の名前をちゃんと出せるはずだ。だいたい軍艦が女を乗せたら、それだけで一大事ですよ。

さらに植村隆がソウルに場所を変えてスピンオフ第二弾、「女子挺身隊の名で戦場に連行され、日本軍人相手に売春行為を強いられた朝鮮人従軍慰安婦」が証言していると畳みかけた。

こういう朝日新聞のやり口は、パターンが決まっています。前述したサンゴ落書きねつ造記事でも「日本人の記念碑になるに違いない。百年単位で育ってきたものを瞬時に傷つけて恥じない。精神の貧しさの、すさんだ心の」と諭していました。

もっともらしそうな話をつくっては「日本人の恥ずべき行為」だと偉そうに叩くけれども、根拠は薄弱で、裏を取っていないから弱い。新聞界の裸の王様だったことがバレて、信用が崩壊したわけです。

やりたい放題の嘘が許された理由

渡部　そういう朝日新聞の権威を髙山さんが突き崩した、有名な話がありますね。

髙山　やや有名になりすぎましたが、私が産経新聞の朝刊デスクだった時代です。社会部遊軍の石川水穂（後に論説委員）が原稿を持ってきました。1984年10月31日、朝日の一面に掲載された「『これが毒ガス作戦』と元将校」という見出しの写真つき記事（223ページ参照）がインチキだという内容です。

記事中では「南昌で毒ガスを使った」とされていましたが、正しくは洞庭湖近くの「新《しん》墻《しょう》河《が》」で、写真で立ち上っているのは毒ガスではなくて煙幕だという裏取りも石川記者はやった。証拠資料もきっちりしていましたので、社会面トップで載せました。

すると朝日の佐竹昭美学芸部長（当時）が電話をかけてきて、「そっちに行く、責任者に伝えておけ」という。

他社の社会部に殴り込みとはいい度胸だ、みんなで逆に佐竹を袋叩きにするのかと思った。ところがもっと驚いたことに、事情を伝えたら編集局長も、局次長も社会部長までみんな逃げてしまった。

結局、私一人で対応すると、「産経風情が朝日に盾突く気か」「いや、そちらと違って事実を大切にしたいだけで」「なんだと。謝らない気か。いい度胸だ」「ありがとうございます」「褒めたんじゃねえ」「産経など潰してもいいんだぞ」というようなやりとりがありましたが、結局は、朝日が11月14日付で訂正記事を出しました。

他社の記事の批判はタブーとされていた時代です。この一件で、朝日新聞が新聞界に隠然たる力をもっていることを知りましたが、同時に、自虐ネタならどんな嘘でも罷《まか》り通させる。そういう尊大な新聞だと知れ渡ったものです。

渡部　図々しいですね。週刊新潮やテーミスほか、髙山さんのお書きになる朝日新聞批判を読んだ私の印象は、実際は違うのでしょうが、朝日新聞というのは朝鮮人が作っていると考えると、納得がいく記事が多いのです。日本に不利なことであれば、70年前から出っ放しのコブだと写真を載せてしまう、そのセンスですな。

髙山　ホントにあきれ返ります。信じられない記事が堂々と掲載されても、朝日の権威に、みんなひれ伏していました。

先述の永栄潔さんの本に、朝日となると学者も企業家もみんなペコペコして、何をしようが野放しだったことが分かるエピソードがいくつも紹介されています。

例えば、締め切りに間に合わないからと、社用車を飛ばしたら警察に捕まって、しっかりスピード違反の罰金を払わされた経験が私にもあります。ところが朝日新聞だけはパトカーが先導して支局まで送ってくれたという。

「取材して帰るとき、締め切り時間が迫っていたため、社旗を立てたジープで制限速度を三十キロもオーバーさせ、町道、県道を爆走した。パトカーがサイレンを鳴らして追ってきた。『締め切りに間に合わないんだ』と叫ぶと、支局まで先導してくれた。後方からのサイレン音に大慌てで車を道路左端に寄せたドライバーのなかには、朝日の社旗を千切れんばかりにはためかせてパトカーを追走するおんぼろジープに舌打ちした人もいただろうに、支局に抗議電話はなかった」（『ブンヤ暮らし三十六年』）。

これは1974年当時の話ですが、朝日新聞を世間がどう評価していたか、よく分かります。永江さんと会って酒を飲んだこともありますが、彼は朝日新聞はマルキシズムに染まっていると言っていました。しかし、マルキストほどしっかりした記者にはそうお目にかかった記憶はありません。

朝日は、「アカが作りヤクザが配りバカが読む」と言ったものですが、正しくは、アカではなく「バカが作り、ヤクザが売ってバカが読み」の方が正しいのではないでしょうか。

渡部　今はそうなっているのでしょう。朝日の権威を振りかざしても、みんなひれ伏さなくなりました。まともな人が作っているとは思えないからです。

髙山　おかしな記事ばかりだから信用を失った。朝日は英国のＥＵ離脱も、トランプ当選も外しました。

もともと、朝日に政権を倒せる力を与えたのは、米国と同じメディア支配が一番、国を動かしやすいと考えたＧＨＱが「暴力装置を持った権力を監視するのがメディア」だと教え込んだからです。

占領期に日本のメディアを握っていた米国が、１９５２年以降にもその威光を残すために打った手が、フルブライト留学でした。これもローマのカルタゴ支配をヒントにしていて、カルタゴの子弟をローマに留学させ、親ローマにして国に返していたものです。

フルブライトで留学した新聞記者は数多く、みなアメリカ特派員になりました。米国に有利な話ばかり日本に伝えるけれども、米国のポチという自覚はない。

うわべだけは反米を語りますが、日米同盟の破棄とは決して言わないのが朝日的な論調ですから、米国の思い通りに日本のメディアは動いているわけです。

暴力装置を持った国家権力は絶対的な悪で、それを監視する自分たちは善であり、正しいと信じ込んでいる。

つまり、世論のリーダーである自分たちは選ばれた存在だと思っている選民思想で、一般の日本人よりも高みに立ち、アメリカ人と同じ目線で、無知蒙昧《もうまい》な日本人を教え諭すのがメディアだと本気で思っているわけです。

彼らがかしずく恩師、グルがニューヨーク・タイムズであり、ワシントン・ポストの記事です。

我々は民意を体現しているのだという、ニューヨーク・タイムズや朝日新聞に典型的な「世論の代表」体質を改めない限り、まともな議論はできません。安倍政権は危ないとか、平和安全法制は戦争法案だとか、テロ等準備罪を共謀罪といい続けるのも、森友学園報道も、すべて政権を揺さぶって日本を不安定にすることしか考えていない、相変わらずの印象操作と洗脳です。

その正体は、米国が日本に教えた「メディアの権力」という名の専制政治なのです。

渡部　髙山さんがよく指摘されるように、ニューヨーク・タイムズの東京駐在員にもけしからんやつがいますな。

なぜ朝日新聞社の社屋にニューヨーク・タイムズの東京支局が入っているのか。そうなると自然に朝日新聞の人と親しくなって、産経や『ＷｉＬＬ』、『正論』の記事なんて読まないでしょう。

朝日新聞の記者が吹き込んだ耳学問で、反日、反安倍政権の論調や記事が作られていく要素がある。

髙山　実際、ニューヨーク・タイムズ東京支局記者の助手やスタッフは、朝日新聞から出向しているんです。

ニコラス・クリストフという当時の支局長が、日本兵は人肉を食った、日本の女は夫からゲンコツしか貰わない、など悪口ばかり書いているので、一回文句を言いに行ったことがあります。すると「今日の会話は英語だけでやります、すべて録音を取ります」という。「(彼の書いた)この人肉を食ったという記事の証拠はどこにあるんだ」と聞いたら、「ニューヨーク・タイムズの紙面に載ったことが真実です」と、それしか繰り返さない。

「では誰がその取材対象者を紹介したんだ」と聞くと、「○○さんだ」と。それはどういう人か聞くと、「朝日新聞から手伝いに来ている人だ」と。そこで手をまわして、そのスタッフ本人と別の場所で会って聞いてみると、すべて朝日のお膳立てでした。ちなみに人肉話を語ったという元軍人は産経の取材に「そんな話をした記憶もない」と全否定でした。

渡部　それでよく分かりました。ニューヨーク・タイムズの心理というのは、地図に載っていない山をみつけると、地図ではなく、山のほうが間違っていると考えるようなものですな(笑)。

髙山　トランプ当選に接したニューヨーク・タイムズは、選んだ国民の側が間違えたのだ、トランプを大統領にふさわしくないと主張した自分たちこそ正しく、現実のほうがおかしいと言っていました。ニコラス・クリストフはトランプを大統領に選んだらどういう絶望的な事態になるか、「人々が絶望するまでの12ステップ」(A 12-Step Program for Responding to President Trump)という記事を書いた。

ニューヨーク・タイムズを読む連中は一般的なアメリカ人ではありません。自分たち以外の、その他99％は間違っていると考える、1％のリーダーのための機関紙だということです。

もはやメディアとは言えないし、ものすごい思い上がりでしょう。朝日もその傲慢さをしっかり見習っているのです。

朝日との「40年戦争」に勝利した

髙山　それにしても、朝日新聞との戦いを、長い間ひとりで、先鞭《せんべん》をつけてこられたのは渡部先生でした。

渡部　私はもともと、朝日を批判する気はなかったんです。向こうが勝手に個人攻撃を仕掛けてきたのが始まりでした。

まだ朝日が非常に大きな権威をもっていて、叩かれた人は社会的地位を失うような時代でしたが、私は絶対に謝らず、やり返しました。

学内でも朝日の権威を嵩《かさ》にきて「なぜ渡部のような思想の持ち主を大学に置くのか」と言い出すやつがいたり、それに乗って授業妨害にやってくる団体もあり、大変でした。

髙山　大西巨人との論争自体、朝日新聞がねつ造したものですね。あたかも紙上対談のようにレイアウトしていました。

1980年10月15日付朝刊の「大西巨人氏vs渡部昇一氏」、見出しは「劣悪遺伝の子生むな　渡部氏、名指しで随筆　まるでヒトラー礼賛　大西氏激怒」。あれはひどかった。

渡部　そうです。会ったこともないし、読んだこともない人と紙面で対談しているんです。あんなひどいことをやるとは知らなかった。

社会面のたっぷり4分の1以上のスペースに6段抜きで報道されたこと自体が、まったくの虚構で、大西氏が紙面で私に反論したわけでもない。虚構記事で悪質な紙面を作り上げ、朝日が気にくわない思想の持ち主として糾弾されたのです。

私の言っていることがねじ曲げられ、5段抜きで「ヒトラーの優生思想の礼賛者だ」と、正反対にされてね。

私は週刊文春の連載で「ヒトラーとは逆の立場の人であるが」とわざわざ断って、アレキシス・カレル（1912年ノーベル生理学・医学賞受賞）を引用しました。

カレルはカトリック的立場で国家権力の介入を断乎否定した人ですから、「国家が法律で異常者や劣悪者の断種を強制したり処置するのと、関係者、あるいは当人の意志でそれをやるのでは倫理的に天地の差がある」、個人の倫理的判断にゆだねるべきと書いた。当然、ヒトラーと反対の立場なのに、朝日新聞の記者はわざと気付かなかったふりをして、この一文をヒトラー礼賛記事の如く取り上げました。

個人の意見に圧力をかけるために、新聞報道で叩くのは恐ろしいことです。

事実のはずの報道が虚報でゆがめられ、言論の自由の機関であるはずの新聞が、気に食わない意見を検閲する機関になっているわけですから。

検閲の基準は左翼、反日、親中、親韓で、これに反する言論は容赦なく摘発される。目指すところは言論界からの追放と、社会的抹殺です。

でっち上げで私立大学の一教師を葬り去ろうとした所業は凶悪としか言いようがありま

新　聞　　新聞定価 月ぎめ2,600円、1部売り(朝刊)70円(夕刊)40円　　第3種郵便物認可

大西巨人氏 VS 渡部昇一氏

「劣悪遺伝の子 生むな」

渡部氏、名指しで随筆

「劣悪遺伝子を受けたと気付いた人が子どもを作るような試みを慎むことは、社会に対する神聖な義務である」。週刊誌（週刊文春十月二日号）のエッセー欄にこう書いた上智大教授渡部昇一氏(56)に、作家の大西巨人氏(70)が「待った」をかけた。自ら遺伝性とされる血友病の二人の息子をかかえているうえ、エッセーの中でヤリ玉にあげられたこともあって、厳しい反論に出た。「渡部某の言論は劣弱者切り捨ての奨励にほかならない。近年ひとしお露骨になった、福祉国家への道から軍事国家（富国強兵）への道の転換に見合ったものである」と。大西氏の反論は近く発売される隔月刊誌「社会評論」（思想運動編集）に掲載されるが、重くかつ深い「遺伝」がテーマなだけに各方面に波紋を投げそうだ。

渡部氏は英語学者。九十万部売れたベストセラー「知的生活の方法」の著者で、今や雑誌などで売れっ子の評論家。保守系といわれる日本文化会議のメンバーでもある。片や大西氏は、二十五年をかけて小説「神聖喜劇」（全五巻）を完結させ、今春出版した。足の不自由さを理由とした長男の高校不合格をめぐって「障害者にも学ぶ権利がある」と論陣を張ったこともある。まったく対照的な著作活動を続ける二人のぶつかり合いとなった。

きっかけとなったエッセーは、渡部氏が「古語俗解」のタイトルで週刊文春に隔週連載（二ページ）している。十月二日号は「神聖な義務」と題して、①ヒトラーは精神病患者、ジプシー、ユダヤ人などドイツ民族の血のためにならないと思われた人たちを容赦なく消した。非人道的犯罪と思っていたが、ドイツ留学中、この犯罪の功績の面を考えている人が少なからずいることを知った②ヒトラーとは逆の立場のアレクシス・カレル（ノーベル医学・生理学賞受賞）は「劣悪な遺伝子があると自覚した人は、犠牲と克己の精神によって自発的にその遺伝子を残さないようにすべきである」と強くすすめている③大西氏は長男が血友病とわかっていながら次の子どもを持ち、やはり血友病だった。未然に避けうるものは避けるようにすべきである——としている。

そして、大西氏が生活保護を受けており、入院中の次男のある月の医療扶助費が一千五百万円だと指摘、「精神異常者、精神薄弱者、先天的身体障害者として既に生まれている人たちに対し、国家や社会が援助の手をさしのべるのは当然である。しかし、未然に防ぎ得る立場にある人は、もっと社会に責任を感じて良識と克己心を働かせるべきである。助けてもらわなければならない人が多ければ、社会の程度は著しく低くなるのである」と、結論づけている。

まるでヒトラー礼賛

大西氏激怒

大西氏は知人からの連絡で、このエッセーを知った。大西氏に関する部分が、九月、ある週刊誌に掲載された記事をもとにしていることがわかり、「大学教授である人間が、週刊誌の無署名記事に立脚して他人を否定的に批判するということ自体許されない」と怒り、反論に乗り出した。

「社会評論」に掲載される「井蛙雑筆」の中などで、大西氏は①渡部氏はヒトラーの非人道的犯罪としながらも、その本心はヒトラー・ナチズム、ファシズムへの傾倒礼賛である②アレクシス・カレルの「人間—この未知なるもの」をまともに読めば、彼の基本的思想がヒトラーの立場になかなか酷似していることがわかるはず③自分に対する批判は、すでに生まれた次男の「生命」をなぜ未然にまっ殺しなかったか、と人身攻撃しているものである。生活保護と難病者に対する医療保障はまったく無関係の事がらであり、渡部氏の考え方は弱肉強食、劣弱者切り捨ての奨励にほかならない、と反論している。

これについて、渡部氏は「黄色人種である日本人が、白人に伍（ご）して栄えていくためには一人一人の自発的な犠牲行為が必要」「劣悪遺伝子を受けて生まれた生命でも祝福すべきだ。しかし、そのための福祉が他人の労働を食いつぶしているのも事実」など、大西氏の反論に一歩も譲る気配をみせていない。

遺伝学の知識欠く

国立遺伝学研究所・松永英人類遺伝部長の話　渡部氏の立論は遺伝学の知識を欠き、無理がある。人間に病気を起こす遺伝子は現在わかっているだけでも二千あり、

せん。社会的に殺されかけた私は「これからは本当のことをズバズバ言って、徹底的に朝日を批判しよう」と決心しました。

朝日が火をつけた後、悪罵の限りを尽くして私を批判した連中は、「『既に』生まれた生命は神の意志であり、その生命の尊さは、常人と変わらないというのが、私の生命観である」という一文を必ず無視して、他の部分を検閲官的に取り扱ったのも全体主義的でしたね。

私は昔の子供ですから、当時、楠木正成の千早城のことを思い出していました。絶対の権威があった北条氏の幕府が大軍を出しているのに、なかなか千早城が落ちない時期が続くと、情勢は一気にひっくり返ることがある。「私は千早城になる」と思ったのです。

私が受け持っている、すべての授業が妨害されたことが二度ありました。夏休みを入れてだいたい半年くらいの間、授業の教室に入れないようにブロックされていました。

妨害する連中を押し分けて入るのですが、手を使うと「突いた」と言われるから、手を使わずに体だけで押し分けて入ってね。そのうち学生たちが「出ていけ！」と言ってくれるようになって、彼らは授業中、廊下で待っているようになりました。

私はその頃、一週間に六コマ授業を受け持っていましたが、一つも休んだことはありません。
帰るときは気分が悪くてね。昔習った漢文に、「雁寒潭《がんかんたん》を度《わた》る、雁去って潭《ふち》は影を留めず。故に君子は、事来たって心始めて現われ、事去って心随《したが》って空《むな》し」というのがありました（菜根譚）。雁が澄んだ池の上を渡っていった。雁が去ると影は映っていない。君子とはこのように、何か事が起きれば心を動かすが、終われば心を空虚に戻し、いつまでも執着しないのだという意味です。だから「雁寒潭、雁寒潭……」と繰り返し唱えながら家に帰ったものです。おかげで私は半年間も授業妨害を受けていたのに、寝室を共にする家内が、私が吊るし上げられていることに気づかなかった。

高山　ごく平静を保てたと。

渡部　家に来たら警察沙汰になります。向こうはそれを知っているから、家には来ません。学校は警察に訴えないので、授業妨害に来るわけです。

高山　どんな連中が来ましたか。

渡部　学生でない左翼団体も来て、教室に勝手に入ってくるわけです。
車いすに乗っている人たちは、私の論文なんか読んでいるわけがない。だから私は、壇上から降りていって、車いすの人たちの手を握って話をすると、ニコニコして喜ぶんです。

「あなたのこの車いすを押している人は悪い人ですよ」というと、障害を持つ人が私を批判するためにやって来たという建て前ですから、車いすを押している活動家は何も反論できなくなる。そんなことを繰り返しているうちに、来なくなりました（笑）。

この時は『月刊文藝春秋』の安藤満編集長が「〝検閲機関〟としての朝日新聞」という巻頭論文を書かせてくれましたので、反論できたのです。この編集長は古いタイプで、「文藝春秋は、朝日新聞とＮＨＫとは別のことを言う」という伝統を知る人だったから、私に反論を書かせてくれた。

教科書問題でも徹底的にやりました。１９８２年、マスコミが歴史教科書検定で、日本の中国への「侵略」が「進出」に書き換えさせられたという、事実無根の嘘を一斉に報じたので、「萬犬虚に吠えた教科書問題」という論文を『諸君！』に書いて誤報を追及すると、朝日はこれ以降、沈黙します。

名指しで二度、公開質問状を『諸君！』に載せても反応がない。いくら私をヒトラーのような思想の持ち主と印象操作しても、根拠のないインチキだということが、時が経つほど明らかになっていきました。

結局、思想検閲者という私の批判に対して、朝日側からの返答や反論はなかった。私を大学から追う彼らの企図は不成功に終わり、朝日がトップ記事で個人攻撃をしても役に立たない実例ができたわけです。

大新聞に悪意ある記事を出されると、自殺したり辞職したりする例が続いていたのに、朝日がいくら叩いても平気な教員が出たことは、やはり戦後マスコミの中で画期的なことであったと思います。

残念なのは、文藝春秋は近年「朝日新聞とＮＨＫとは別のことを言う」という、かつてのジャーナリスティックな伝統をなくしてしまったことです。日本は悪いことをしたという意識を植え付けられた人たちが中心になり、リベラルになってしまいました。元文春の花田紀凱《かずよし》『月刊Ｈａｎａｄａ』編集長によると、社長がある会合で「極右の塊である現政権をこれ以上、暴走させてはならない」とあいさつしたといいますから、朝日と見紛うような状態です。

東京裁判史観に取り込まれ、マッカーサーを賛美する半藤一利（元専務）や保坂正康といった人たちが歴史観の基調を握っているのは危ない。彼らは一所懸命、東京裁判の対象になった人たちに話を聞いて回ったけれども、それでは日本側の動きしか分かりません。

個々の戦闘で、日本軍がどうやられたかという話を集成すれば、東京裁判をなぞる結論になってしまう。その前に連合国側が何をしていたか、日本がそういう限られた条件での戦争や戦闘に、そもそもなぜ追いつめられたのか、という情報はシャットアウトしているわけです。

高山　そう、国際性がないんです。日本と米国の動きを上から俯瞰して、それぞれがどうやって動いたのか、その結果として戦争を見ないといけない。

渡部　相手が何を狙って、どう動いていたかという視点がない。特徴的なのは、東京裁判の宣誓供述書で「断じて日本は侵略戦争をしたのではない。自衛戦をしたのである」「国家自衛のために起つという事がただ一つ残された途であった」と主張した東條さんの証言を、彼らがほとんど使わないことです。

ドイツ近代史を研究しようとする人が、もし、ヒトラーが日記や裁判記録を残していたなら、それを使わないはずがないんですね。しかも東條さんの記録は裁判所の証言ですから、嘘はないんです。嘘をついて事実をまげれば検事にやられますから。あれを使わない以上、いかに一方的な見方しかしていないかが分かります。

後になって、マッカーサー本人が東條さんの見方を追認しています。1951年、アメリカ上院軍事外交合同委員会で、日本が戦争をしたのは「主として安全保障のためだった」

と証言しました。

日本には近代工業を支えるための資源は（絹糸をつくる）蚕《かいこ》しかなかった。その他の資源、石油やゴム、タングステンなどはすべて東南アジア地域にあった。しかし我々は日本へのこれら原料の供給を断ち切った。そこで日本は、突如として1200万人ぐらいの失業者を生ずる恐れが出てきたので、「セキュリティ（安全保障）のため」開戦に踏み切った。

これは日本の息の根を止めるようなことをされたから、自衛のために立ち上がり、戦ったという歴史観です。そのマッカーサー証言の大部分は、朝日新聞の縮刷版に載っていますが、肝心の「安全保障」のところだけ入っていない。やはり、日本人に真実を知らせないようにしているわけです。

当事者への聞き書きに嘘はないはずですが、では真実かといえば、そうでもない。例えばノモンハン事件を日本側当事者の証言だけで振り返れば、日本側の惨敗のように見えます。しかし、ソ連側の損害を考え合わせなければ本当のことは分からないんです。

ノモンハンでの日本の戦車の損害は30両でしたが、ソ連は400両やられている。800両という説もあります。飛行機の損害は180機、向こうは1600機。死傷者は日本が1万7000人、向こうは2万6000人、ソ連側の損害は、日本よりはるかに大きかった。

でも、日本側の損害しか見ないならば、一個師団が消えるほどですから、大敗北ともいえるわけです。


高山　事実、ノモンハンの結果、司令官だったジューコフは日本軍の強さに恐れをなして、その後、日本軍には戦いを挑んできませんでした。ドイツと日本の敗北が決まり、関東軍の4倍の戦力を動員できる準備が整うまで待ってから、一挙に侵攻してきた。

こういうジューコフの臆病ぶりを、我々は書かないといけません。

それから占守島《しゅむしとう》の戦いが大事です。日本降伏後の8月18日にソ連軍が奇襲上陸を開始すると、第五方面軍司令官・樋口季一郎中将の命令でいったん武装解除した軍隊が直ちに反撃を開始して、ソ連軍をはね返しました。

戦争が終わっても祖国を守るために戦い、勝利した日本軍の実像がほとんど語られてこなかった。こういう朝日が封印してきた歴史を掘り返していけば、日本はさらに変わっていくでしょう。

渡部　最近では朝日新聞を批判する人が山ほど出てきて、いい傾向だと思っています。
朝日新聞が歴史の真実に逆襲される時代が到来しているのです。

産経新聞が広げる新聞メディアの新常識

高山　反日無罪で一面に嘘の記事を載せて恥じないのは、もう新聞の名に値しません。

実際、メディアの権力を謳歌し、まだ世論の支配者であると思い込む朝日に対して、繰り返しますが首相になる前の安倍さんが、「吉田清治というペテン師の話を朝日が広めた」と挑戦状を叩きつけたのは、さすがに堪えたようです。

安倍政権の葬式はうちで出すと大見得を切ったのに、結局、吉田清治の関連記事18本すべてを取り消す羽目になった。一国の首相となる人にお前の新聞は嘘を書いたと名指しされ、記事を訂正する記者会見もやり、社長のクビも差し出しました。

過去、新聞に対しきっちり正論を吐ける首相、政治家はいなかった。これでようやく、朝日新聞が慰安婦報道の嘘を公式に認めたわけです。

そうかと思えば、子会社の朝日新聞出版が週刊朝日で橋下徹のルーツを暴露する「ハシ

シタ　奴の本性」などという連載を始めてしまい、朝日新聞出版の社長が引責辞任しました。

「橋下徹のＤＮＡをさかのぼり本性をあぶり出す」などと書いて、いったい何を考えているのかと思う。メディアとしての良心がまったく感じられません。

渡部　ないですね。それでもまだ朝日は６００万部以上も発行されているわけですから、怖いことです。

高山　先日、百田尚樹さんに聞いた話では、寓話小説『カエルの楽園』の広告を朝日新聞で打った。でも、読者ハガキのアンケートで、朝日を見て買いましたというのは、一通もなかったそうです。

朝日を読んでいる連中はアンチ百田で固まっている、本当にコアな人間ばかりということです。それこそ「バカが読む」集団と化していて、お里が知れます。

渡部　おそらくは惰性で取っているのでしょう。

高山　朝日を取るのが知識階級だ、という形式だけが残っている。

渡部　新聞の天下だった古い時代の情報空間の、昔の常識のままです。

新聞紙というのは便利なものですから、ものを包んだりすることができます。家庭から新聞紙がなくなったらずいぶん不自由しますよ。何が書いてあるかは読まなくてもね。だから惰性で取り続ける人もいるでしょう。

しかし、雑誌はそういうわけにはいきません。広告や目次を見ておもしろそうでなければ、わざわざお金を払いませんから、読者の関心を正直に反映します。

朝日が出した「朝日ジャーナル」も、「論座」もみな廃刊になりました。だから新聞紙にならないものはだめなんです（笑）。

そんな中で、髙山さんの古巣の産経は立派じゃないですか。

髙山　そうですね、あの会社は記者の監督が昔からルーズなんです。だから私でも生きのびられた。私がアメリカ特派員で行っていた時、米国のあらを探しては書いていました。その記事が、意見がまったく合わない親米の古森義久と、同じ紙面に載ったりする。それでも一向にかまわないところが、産経の度量の広さというか、経営が大変だから無関心で気がつかないのか分かりませんが。

とにかく他社より風通しがいい、なんでも書けるムードがあるということでしょう。おかげで最近では阿比留瑠比など、結構おもしろい記者が出てきました。

渡部　産経新聞に、日本人は感謝しなければいけないと思うのは、共産党と裁判で争って勝ったことです。

昭和48（1973）年12月、自民党が日経と産経（当時はサンケイ新聞）に意見広告を出し、日本共産党が翌年の参議院選挙に向けて掲げた「民主連合政府綱領案」と党綱領との矛盾を批判しました。

共産党は猛烈に反発し、名誉毀損と反論の無料掲載を求める仮処分を東京地裁に申請しました。全国紙に全7段抜きの謝罪広告を出せ、仮処分が出ても謝罪しないなら、1日につき30万円の罰金を取るという内容です。これは却下されましたが、日経新聞は謝罪しました。

共産党に叩かれると、誰もがビビった時代です。しかし学習院大学教授だった香山健一さんが本気になって、産経新聞社に共産党と専門に戦う一室を作り、ついに裁判に勝った。

それ以降、共産党がマスコミを脅すことができなくなりました。私は、言論人が共産党から邪魔されなくなった意義の大きさを、身をもって感じたものです。

当時社長だった鹿内信隆《しかないのぶたか》さんは偉かったと思います。70年安保の前の国内論調を見て、「このままではいけない」と紙面に「正論」欄を設け、それが『正論』という雑誌に発展しました。

朝日新聞のオピニオン誌はみな潰れましたが、正論は今でも盛大に続いている。部数ではまだ、産経は朝日に及びませんけれども、言論雑誌では完勝ですよ。

髙山　産経新聞はこれまで東京本社と大阪本社だけで、カバーするエリアも小さかったのですが、おもしろいことに最近、福岡から頼まれて、向こうで輪転機を回すようになりました。今度はさらに広島で出してくれといわれています。

新聞というのは、だいたいヤクザを使って拡販するものですが、産経の場合、地域から乞われて出すという今時珍しい形で、徐々にカバーするエリアを増やしています。

渡部　それは素晴らしい話です。次は北海道と沖縄で出たらすごいですね（笑）。北海道も沖縄同様、偏った報道空間がありますから。

まずは沖縄ですな。沖縄で産経新聞を刷って「沖縄版」を出せば、これはいいですよ。

髙山　沖縄に殴り込みをかけたらおもしろい。新聞が少しでもまともになって、真実を書くようになれば、世の中は大きく変わります。

渡部　そうです。今までの古い常識の、惰性の報道とはちょっと違うぞ、という姿勢が伝われば、「どうもおかしい」と感じていた読者はすぐに反応します。

正直に申し上げて、私は今、産経新聞に書く機会をもっておりませんので、お世辞にはならないはずですが、私は産経がクオリティペーパーの資格を得つつあるような気がします。部数ではまだ劣るにしても、クオリティペーパーとしてのプライドを持っていいと思います。

髙山　福岡のように、乞われて新聞を出しにいく地域が出てきたし、地方版が出ていないところは郵送で頼んでくる読者も増えています。

産経も根を張ってきたなという感じです。

渡部　それはすごい。私が論争の世界に入った頃は、朝日の権威は圧倒的でしたが、今となっては「夕日新聞」になりかけていることが、誰の目にも明らかになってきました。

新聞界も古い常識のままではいられないのです。

髙山　古い常識が変わってきたといえば、これまで、日本の新聞は国際面の弱さが指摘されてきましたが、産経は、国際面を最も充実させるようになっています。私も特派員に出たり、外信部に長くいたから分かるのですが、ニュース量が多い。中東も欧州もアメリカもアジアもすべて、偏りなくカバーしている。中韓にへりくだることもなく、正直な報道姿勢です。先日、朝日ＯＢの長谷川熙《ひろし》と会ったら、彼も朝日と産経を取っているのですが、産経を読むと世界の動きがよくわかると言っていました。

日本の新聞のお粗末なところは、国際面といえば、アメリカかぶれやフランスかぶれの特派員が、日本はいかにダメか、私の友人、私の恩師は日本をこう言った、などとマスターベーションまがいの記事を書き、それが当たり前だった。

外国べったりの特派員ですから、批判的な記事が書けない。同行記者団なんかで行動を見ていると、毎日や朝日は記事を先輩特派員がチェックして、批判的な部分を書き直すようなバカをやっていた。だから、国際面がどんどん面白くなくなっていった。

ＥＵの実態は、植民地を失って貧乏になった国々の互助会ですが、そういう視点は従来の国際面からは出てきません。しかし、難民問題が噴出することで、産経の紙面を見ていると、少しずつ本当のことを書くようになっています。

ＥＵ拡大で、南欧、中・東欧を抱き込みました。東欧やギリシャは関税ゼロで輸出できる市場にもなるし、安価な労働力も提供してくれるだろう。かつて導入したトルコ人労働者と同じように、東欧やギリシャからの移民を安く使おうと思って歓迎したら、リビアやシリアなど、頼みもしない、縁もゆかりもない国々から経済難民が殺到して驚いている。そういう身も蓋《ふた》もない事情を、ヨーロッパを愛する典型的な特派員タイプは書けません。

建て前が先行しているから、人権に配慮して難民はいたわらねばという、グローバリズムの論理に縛られ、どうすればいいいか、口をつぐんでしまうわけです。産経の紙面からは、ブレグジットで国境のゲートを閉じる選択をした英国の判断が、ほぼ唯一のまともな結論だということが伝わってきます。

とはいえ産経は残念ながら部数は少ない、赤字経営で苦しんでいるのは昔と変わりないですが（笑）。

第五章　戦後世界の大転換

メディア専制の行方

渡部　これから、マスコミの天下だった時代がどう変わっていくか。エスタブリッシュメント出身ではないトランプは、メディアに抜きがたい不信感や恨みをもっています。

髙山　反トランプのメディア専制がどう巻き返すのか。これまで米国と世界を動かしてきた連中は、風向きの変化にどう対処していくのでしょうか。

米国というのは深謀遠慮の国で、ずっと先のことを考えてきました。

例えばイランの石油は、ウイリアム・ダーシーというオーストラリア人技師が１９０１年に発見して、アングロ・イラニアン石油やＢＰの前身であるアングロ・ペルシアン石油会社が１９１０年に設立されたというけれども、ジョエル・ロバーツ・ポインセットという米国の外交官、植物のポインセチアをメキシコから持ち帰った人物ですが、彼の記録を見るとおもしろいことが分かります。

ポインセットは外国で騒乱を起こし、米国が介入するように仕向けて領土を拡げる任務を与えられた外交官です。いい例がメキシコでした。1822年から23年まで駐メキシコ特使、25年に初代駐メキシコ公使に任命された際に、米大統領からメキシコ国内で政変を起こし、混乱に乗じて米国が乗っ取る計画を与えられています。

ポインセットは反政府勢力を支援し、政治的混乱を焚き付けますが、もう少しで成功するというときに見破られ、国外退去処分となっています。

そういう人物が1830年代、英国が利権を取る70年も前にイランに行っており、天然に自噴している石油を見て、「これはやがて我々が取らなければならない」と書いているのです。

渡部　深謀遠慮の国だというお話でしたけれども、あんなトランプの暴言と泥仕合の騒動をやらせている人たちに、深謀遠慮がそうあるわけがないと思いますので、彼らの背後に誰がいるのかということでしょう。

私はユダヤ系の金融を握っている人たち、アメリカのお札を刷る権利を持っている人たちが動かしていると思いますが、外から見ればアメリカ政府が深謀で動いているように見える。

髙山　そこですね、政府はむしろ使われているわけです。もっといえば、間違いなく政府を動かす組織が存在していて、そこがメディアも握っているようです。

渡部　そうですね。ニューヨーク・タイムズはジューヨーク・タイムズと呼ばれるわけですから。

トランプ現象はイギリスのEU離脱同様、グローバル化に対する一つの国民の反応だと思います。そこを考えるとき、皆がタブーにして言わないことがある。それはユダヤ人です。

先だって、私が監修した『ユダヤ人　なぜ、摩擦が生まれるのか』という翻訳書を出したのですが、産経も読売も、怖がって書評どころか、広告すら掲載させてくれませんでした。反ユダヤの内容ではないにもかかわらずです。

原書はロシア革命のインパクトを受けて、1922年に刊行されたものです。当時のイギリス人は、ロシア革命を「Jewish Revolution」と呼んでいたという。ボルシェビキの主だった連中は、ブラウンシュタインという本名をもっていたトロツキーをはじめ、ユダヤ人でした。

またイギリス人貴族は、日本の華族と同じように、もともと大土地所有者で、領地を生計の基盤にしていましたが、産業社会に入ると、土地をもっているだけでは豊かさを維持できなくなる。お金がなくなったイギリスの貴族たちは、ユダヤ人と結婚していきます。

「二十世紀が幕を揚げると、ユダヤ人と混血でないイギリスの大領主一族は、むしろ例外となった。ほとんどどの門閥でも、多かれ少なかれユダヤ的特徴が目立っていた。中には非常に強烈な特徴もあり、名前はイギリス名であり、伝統も由緒ある純粋にイギリスの家柄のものであっても、体格や性格はまるでそっくりユダヤ人という門閥も見られた」(281ページ)。

これを書いたのは、おかしな反セム思想の人ではなく、当時の一流の人です。我々の時代の英文学の講義では、20世紀を代表する世界的なイギリス人作家を、バーナード・ショー、H・G・ウェルズ、チェスタトン、それからヒレア・ベロックと習いましたが、このベロックが書いた本です。

ベロック自身はカトリックですが、彼の秘書はユダヤ人で、彼女を最良の親友と呼び、心から感謝すると献辞にあります。

ユダヤ人とどうやってうまく共存するか、冷静に説く中で、このままではユダヤ人は危ないと書いています。例えばロシア革命の直後に、ロマノフ王家の貴重な宝物がパリやロンドンのオークションや古道具屋に出た。「彼らはユダヤ人エージェントを通して犠牲者の金銭や有価証券や、死者から剝ぎ取ったか、あるいは虐殺した男女の金庫から盗みとった宝石を懐に入れていた」(97ページ)。

こんなことをやっていたら、反動が来ると、ヒトラーが出るずっと前から言っていたわけです。

うまく共存してやっていこうという趣旨の本なのに、ユダヤと名前がついただけで、大新聞社は広告を掲載してくれません。つまり、我々の見えないところで影響力をふるっている。

新聞は広告で成り立っていますから、広告主に圧力がかかるのを恐れたに違いありません。

髙山　サイモン・ヴィーゼンタールセンターですね。

渡部　「マルコポーロ廃刊事件」で文春が直面したのと、基本的には同じ問題です。そういう影響力があるとすれば、マスコミの論調が、世界のグローバル化をいいことのように書くのは当然でしょう。グローバル化で得をするのは、国を持たない人々ですから。

彼らユダヤ人の最大の望みは差別の撤廃で、そのために国境をなくそうとする。いい例がＥＵです。昔はヨーロッパを移動するのに、ドイツからオランダに入ればパスポートを出したけれども、今はその必要がなくなりました。最も喜んだのはユダヤ人でしょう。次に能力主義。人を評価する際に、ユダヤというバックグラウンド、背景ではなく、本人の能力を見てくれというのは、ユダヤ人の切なる願いです。

グローバル化にともなう貧富の格差の拡大、移民問題やテロ事件の多発、リーマンショックなどの経験から、国境を重視して、自国が第一という動きが出てきましたが、依然として、ユダヤ人が望む方向に向かわせようとするメディアも健在で、両者は激しくせめぎ合っています。

高山　イスラエルという国を持っているユダヤ人は、中東に土着していたセム系（セファルディム）が多く、アメリカでウォール街を牛耳っているのはドイツや東欧、ロシアに多かったアシュケナジムの末裔です。

問題は、グローバリズムを推進してきた勢力、その前は共産主義というものを広めていった組織が、これからどう動くかです。

明らかになる金融グローバリズムとメディアの関係

渡部　注意すべきは、有力メディアの背後には必ず金融機関がついていることです。私が戦後の歴史を振り返って本当に残念に思うのは、財閥解体でした。

今の三菱・三井の社長でも、アングロサクソン世界で本当に実力のある国際金融家からみれば、番頭にすぎません。戦前の三井、住友、岩崎となれば、ユダヤ人の大金持ちと公平につきあえるし、結婚さえも可能だったと思います。

私が多少、似た感じを受けたのは、鹿内信隆さんでした。

鹿内さんはご存じのように、箱根に彫刻の森美術館をつくって、その中に迎賓館を建てた。この美術館は5時に閉まると、貴重な彫刻が並んでいる広大な敷地が自分の庭園になるわけです。

そこに外国の実力者を呼ぶと、お返しに先方の邸宅へ呼んでくれるそうです。ヘリコプターで行くより仕方がないような場所に一族で住んでいて、そこに一般の人は入れない、自分たちのためだけの美術館があったりするそうですが、そんな世界的富豪でも、あれだけの彫刻は集めていませんから、「あ、この人とは付き合えるな」と思うのでしょう。

鹿内さんが迎賓館にいろいろな人をお泊めすると、通常、手に入らない貴重な情報が入るというのです。鹿内さんは国際的な視野をもってフジサンケイグループの初代議長となった。そういうスケールの人がほしいなと思います。

一般の日本人は、たとえ大会社の社長でも、ロックフェラーやロスチャイルドの自宅に呼ばれることはないと思いますが、鹿内さんはそれができたと言っていました。

もし三井、三菱、住友の本家が健在であれば、そのレベルの交際階級があったはずで、隠微な情報源となったでしょう。国際交渉のテーブルに出てくる意見ではなく、家族の交わりで少し出てくるような、本当の隠微な情報が得られたかもしれない。

だからGHQは、いち早く財閥解体を言い出したのではないかと、私は考えたりしています。

高山　グローバル化と金融資本との隠されてきた関係が、思いがけず表に出てしまったのが、金融危機後の米国でした。

渡部　そう、「万国の労働者よ団結せよ!」と共産主義革命が起こったわけですが、同時に、

「万国の大金持ちよ力を合わせよう！」という方向にも世界は動いていったわけです。

私が驚いたのは、馬渕睦夫さん（元駐ウクライナ／モルドバ大使）から聞いたアメリカの金融システムの話です。

アメリカ政府にはお札を刷る権利がない。連邦政府がドルを必要とする時、財務省は国債を発行して連邦準備銀行に買ってもらう。連邦準備銀行は印刷したドルでこの国債を買う形にする。つまり財務省は印刷したドルの分、借金をした形になり、その利子を連邦準備銀行に支払わなければならないのです。

アメリカ連邦準備制度（ＦＲＢ）はアメリカの中央銀行とされますが、重要なのは、シティやウォール街に象徴される民間の国際銀行が株主だということです。

ＪＰモルガン、ロックフェラーのアメリカ二大財閥と、クーン・ローブ商会共同経営者のポール・ウォーバーグ（ドイツ系ユダヤ人）を通じて影響力を行使したロスチャイルド家の意向で、ハイ・ファイナンス、ユダヤ金融資本が株主となった。

例えばニューヨーク連邦準備銀行の株主は、ロスチャイルド銀行（ロンドン）、ロスチャイルド銀行（ベルリン）、ラザード・フレール（パリ）、イスラエル・モーゼフ・シフ銀行（イタリア）、ウォーバーグ銀行（アムステルダム）、ウォーバーグ銀行（ハンブルク）、クーン・ローブ商会（ニューヨーク）、ゴールドマン・サックス（ニューヨーク）、チェース・マンハッタン銀行（ニューヨーク）などです。

各国で採用されている中央銀行システムを通じて、世界のお札を刷る権利が、こうした銀行を所有するごく一部の株主に握られている。

彼ら国際銀行家は普通の銀行のように、一般の会社に融資して金利を稼ぐのではなく、政府に金を貸して、濡れ手で粟《あわ》の儲けを手にします。

自国の通貨を印刷するたびに、アメリカ政府は連邦準備銀行の株主である民間銀行に借金をし、利子を払うおかしな仕組みで、政府の負債がマネーを生む、一種の錬金術が可能になっています。

日本銀行は国がかろうじて過半数の株式を持っていますから、まだ大丈夫ですが、そのうち日本銀行も完全民営化せよなどという声が、澎湃《ほうはい》と起こるかもしれません。その時は断固反対しないといけない。

高山　ジョン・F・ケネディがベトナム戦争の戦費をまかなおうと、財務省に紙幣を発行させようとして、その問題に手をつけようとしたことが、暗殺のきっかけになったと言われます。

トランプも当初、株式市場を混乱させたウォールストリートの「逃げ得を許すつもりはない」と批判して、税金を課すと発言していましたが、さすがに危ないと思ったか、その後は引っ込めました。

渡部　そうです。リーマンショックの時、たくさんの銀行、保険会社が潰れるという話でしたが、アメリカ政府が救済しました。ものすごい量のお札を刷って、金融機関を支援したのです。

けしからんと思うのは、その前に日本のバブルが弾けた時、日本政府が資本注入で助けようとしたのに中途半端に止められてしまい、結局、不動産、銀行、長期信用銀行など債券発行銀行まで、アメリカのファンドに乗っ取られたことです。

日本政府も反省して、りそな銀行の時は国が資本注入をして不良債権問題から救いました。後になって各銀行とも、国から出してもらったお金は返したわけですが、アメリカは、日本のバブル処理ではやらせなかったことを、自国で金融危機が起きると、いち早く実行していきました。

髙山　しかも米国の狡猾さは、リーマンショック後、企業を訴えて支払わせる制裁金や罰金の額を大幅に引き上げたことです。

デリバティブのようなインチキ金融商品を規制して防止するのではなく、外国企業を標的にして取引違反を取り締まる名目で、カネを稼ぐようになった。

例えばフランスの重電メーカー、アルストムが贈賄で930億円、トヨタがリコール問題で1200億円、エアバッグのタカタが1100億円、フォルクスワーゲンが排ガス不正で1・5兆円。スイスのUBSは780億円、フランスのBNPパリバは9000億円、ドイツ銀行は3000億円の制裁金や和解金を支払わされています。実に根性の悪い国だと、つくづく思い知らされました。

日本では山一證券が潰され、保険会社や銀行も潰されて、吸収合併しあってようやく生き延びたような状態です。

渡部　本当にひどい話です。その大量に刷らせたお金はアメリカ国民には行かずに、だいたい大金持ちか金融機関に行って、新興国、特に中国に流入してバブルを起こした。

だから中国に鬼城《きじょう》という、誰も住まないビル群が、たくさんあるそうですね。

高山　私も見てきました。それはもう、どの街に行っても目の当たりにするくらい、膨大にあるんです。

渡部　不動産開発投資のおかげで中国のGDPが急伸して、世界第2位になった。

高山　たまたま先日、昆明に行ったら、ホテルの目の前に、戸建て住宅の鬼城が延々と広がっていて、地平線の果てまで、誰も住んでいない建物が続いていたのには驚きました。

渡部　建物というのは人が住まないと荒れますから、全部ダメになりますね。GDPだけは伸びましたが、それは数字のインチキで、日本を追い越して2位になったというけれども、そんなものを造ったらどこでも1位になりますよ。

高山　これで中国が破たんしなかったら、秩序というものはなくなります。日本人があの国を大国と認めたくないのは、やはり道徳心がないからです。

渡部　その無軌道なマネーの流出をつぶさに見ていたアメリカ国民が、中国を儲けさせるカラクリを壊すことを望んでトランプを支持したわけですな。

トランプ支持を公言しない「隠れトランプ」の「メインストリート派」は、反ウォール街でもあります。口には出さないけれども、「反国際金融」的な傾向を持っている。

ですからグローバリズムの終焉が見えてきたことと、反ユダヤ的な意識が再び出てきていることには大いに関係があって、欧米の大マスコミが「ポピュリズムだ」と不安を煽り、批判し続けるのも、そこを恐れているわけです。

しかし日本は反ユダヤ思想とは、もともと関係がありません。ユダヤ人問題がありませんから、反ユダヤ思想を持ったことすらない事実を、彼らは知らないから、安倍首相を見当違いに歴史修正主義者だと叩いたわけです。

安倍さんがニューヨークやロンドンの講演で「もはや国境や国籍にこだわる時代は過ぎ去りました」「国を開くこと、日本の市場をオープンにすること。これは、政治家となって以来、私のなかに流れる一貫した哲学でした」と述べたのは、明らかに対ユダヤ戦略でした。

日本の首相だからこそ、反セム思想とは無縁なまま、しかもグローバリズムとは一線を画す、日本の道義に基づく価値観外交を展開できるのです。

高山　貿易赤字や為替の問題もそうですが、何よりも安全保障の分野で、外交経験のないトランプの無軌道ぶりと、習近平の強硬なふるまいが、既存の世界秩序をぶっ壊す可能性が出てきました。

これは日本にとっても危機ではありますが、同時に安倍政権にとっては、戦後レジームから脱却するチャンスにもなります。

中国という大厄災に対処する外交戦略

髙山　第一章でも触れましたが、これまでの日本の政治家にはできていなかった、世界標準の外交を、ようやく安倍首相が展開しています。

南シナ海、東シナ海での中国の進出に対処するために、ロシアのプーチン大統領に接近する、プーチンを抑えるためにトルコや中央アジアに行き、インドのモディ首相にも会う。ベトナムやフィリピンとも良好な関係を築く、いわば囲碁的な政治感覚です。

特に新しい動きは、米国の反対を押し切って、プーチンとの関係を前進させたことでしょう。

渡部　プーチンと結ぶことができれば、中国に対して大きな圧力になりますね。

髙山　木村汎《ひろし》（北海道大学名誉教授）とか、産経新聞にロシア問題について書く人は、だいたいロシアが大嫌いなので困るんですが、ロシアはあくまで有用な駒だと考えればいい。

プーチンは日本の技術力と設備を導入して、極東ロシア・シベリア開発をやりたいと望んでいるはずです。
日本側はそれを見越して、①医療分野での協力による健康寿命の伸長、②ロシアの都市環境整備と東シベリアでの廃棄物処理支援、③中小企業交流・協力の抜本的拡大、④サハリン沖での資源探査・開発と天然ガス・石油プラント建設による生産増強、⑤国際協力銀行などによるロシア企業向け融資や工作機械メーカーによる長期投資による産業多様化・生産性向上、⑥極東地域での港湾・空港整備や農業開発による産業振興・輸出基地化、⑦携帯電話・情報通信技術などの先端技術協力、⑧大学間協力やビザ発給要件緩和による人的交流の拡大からなる、「対ロ協力8項目」を2016年12月に提案しています。

渡部　日本はいま、中国と対立せざるを得ないので、アメリカを軸としながらも、それ以外のロシアやインド、ベトナムなどの国々と、戦略的な外交を展開する必要があります。
問題はフィリピンが中国とどれくらい接近するかでしょう。ドゥテルテ大統領は暴言王で、トランプといい相手だというのが評価ですけれども（笑）。しかし安倍さんとよい関係を結んでいるのは結構なことです。

髙山　ドゥテルテは案外しっかりしているかもしれません。トランプ政権は、中国に製造業を任せてきたこれまでの国際分業体制を変えてきている。つまり中国経済が下り坂になると見ています。

苦しくなった中国が一所懸命に守ろうとしている生産設備や資産、資金を、いまドイツや英国など、各国が狙っています。

渡部　中国市場での分け前を狙っているわけですね。

髙山　ええ。ドゥテルテの狙いもそんな中国からいくばくでも援助を引き出すことにあります。ちょうど冷戦当時、アジア諸国がソ連と米国に対し、代わる代わるいい顔をしていたのと同じです。

中国から援助を引き出せる限り、いい顔をするけれども、習近平に会いに行く時、チューインガムを噛んで、露骨に見下した態度をとっていました。

渡部　実際にはカネをあまり出さないだろうと、ポケットに手を入れて、本気で取り合わないわけですが、約束だけはしておこうということですね。

髙山　はっきり見下していましたが、それでも中国側は朝貢しに来たという恰好だけは死守しようとしました。南沙諸島問題がそれだけ深刻だからです、

少し前の事件ですが、２０１０年８月、マニラで「康泰旅行社」と漢字で大書された観光バスが元警官に乗っ取られた事件がありました。

麻薬犯罪と恐喝の容疑で解雇された元警官は復職を要求したのですが、フィリピンSWATが容赦なく発砲して、犯人のほかに8人の中国人観光客を撃ち殺してしまった。実は中国人ではなく香港人だったのですが、フィリピン人にしてみればどっちも同じと思っていたようです。

香港政庁はこの事件処理に怒り、曽蔭権（ドナルド・ツァン）行政長官がフィリピン政府に抗議すると、当時の大統領ベニグノ・アキノ三世は、謝罪しました。

フィリピンの庶民が怨嗟の的にしているのは、スペイン系白人支配者と、華僑です。アキノ自身が華僑の一員、サンミゲルを有するコファンコ・ファミリーですが、フィリピン人は中国人を本当に嫌っているから、警官隊は自分たちの感情の赴くままに弾丸を撃ち込んで、たった1人の犯行に8人の観光客を巻き添えにする、ありえない対応をしてしまう。

そこにフィリピン人の民族性がある。ドゥテルテが中国の本拠地・北京に行って、中国人なんか屁でもないよというフィリピン人の心を、ポケットに手を突っ込み、ガムをクチャクチャしながら習近平に会うことで、態度で示している。これはなかなかの玉でしょう。

フィリピンはこれまで、南沙諸島の領有権問題を、国連で問題にすることができませんでした。安保理に訴えても、中国が拒否権を持っていますから、無駄です。

ところがオランダ・ハーグの国際仲裁裁判所は、中国の九段線の主張を認めず、南シナ海で領有権を主張して実効支配の挙に出ている島々は中国の領土ではなく、建設している人工島は島でもないという判決を出した。近来まれにみる快挙です。

この国際仲裁裁判所の判決をバックにしているから、ドゥテルテは中国と米国を天秤にかけるようなことを言って、北京に援助を約束させる、強気の外交交渉ができたわけです。

渡部　そう、あの判決はよかったですな。まがりなりにも国際機関の判断だし、中国は安全保障理事会の常任理事国なのに、「判決は紙屑だ」などと言ってしまうわけですから、それだけで常任理事国の資格がないことを世界に晒しました。

髙山　国連機関はみな腐っていますが、本当に、この判決が安倍首相の時代に出されたことに意味があります。

日本は軍隊ももたず、憲法9条で手足を縛られた状態で、東シナ海で中国と対峙しなければならない中、あの判決は百万人の援軍でした。

今後もあの判決に繰り返し言及して、法の支配と、力による国境線の変更に反対するという普遍的な価値に訴えていくことができます。

渡部　そうですね。あれだけ多くの諸外国を歴訪して価値観外交を展開していた、安倍さんの手柄でもあります。当初のリビジョニストとか、右翼とかいう批判を、日本の首相として道義を示す、大きな努力を積み重ねて払拭した成果が、この判決にも表れています。

私は基本的に、安倍さんは東京裁判を認めない立場だと思っています。それは第一次安倍内閣終盤、2007年8月のインド訪問で、インド独立のために、日本軍とともにイギリス軍と戦ったチャンドラ・ボースの遺族や、東京裁判で被告人全員の無罪論を主張したパル判事の遺族を訪ねていったことで、はっきり示されたと思いますね。

ただ今は、中国と対立している以上、核兵器をもたない日本は、アメリカと緊密に連携していくしかない。そういう大局が優先されているわけです。

日本を封じ込めてきた「米中の核の枷《かせ》」を外す対英・対ロ外交

髙山　その意味でも、トランプ政権と外交交渉を繰り広げるのは、おもしろいことになるかもしれません。
より対等な、新たな日米同盟を結んで、東アジアの平和秩序を維持するために、これまで以上の役割を果たしていく。

その交渉を左右するのは、依然として人種問題だと思います。本書前半で語ったように、「非白人国家」日本が戦争に敗れて、「カルタゴ化」させられたことによって、わが国に独自外交の余地はほとんどなくなってしまいました。

悪の帝国・米国にとり、正義感が強く民族的一体感のある日本は、何をしでかすか分からない危険な国ですから、戦後憲法で二度と戦争ができないようにされた。

だから日米同盟は片務的でよかったわけですが、今日、戦後の国際秩序が動揺し、崩壊へ向かっていることがはっきりする中で、これが大きく変わる可能性が出てきました。

日本も韓国も核武装したらどうかという発言が、米国から大っぴらに出てきたことは、過去にない変化でしょう。

渡部　有事の際の米軍による核の持ち込みについてオープンに議論し、アメリカとの同盟関係で核ミサイルの発射ボタンを共有することを議論し、さらに独自の核武装について議論を始めればいい（笑）。簡単な話ですよ。

高山　そうです。どこまで行っても日本人は白人ではないから、「黄色いやつと核のボタンの共有をするのは、ちょっとどうか」という感覚がある。

北朝鮮があれだけ核実験とミサイル発射を繰り返し、韓国も北に吸収されるか北の核を手に入れるか、どちらになるかは分かりませんが、核を持つことを考えている。日本だけが論議すらすべきでないと、核オプションから遠ざけられたままです。

だいたい被爆国が、なぜ核拡散防止条約を結ばなければいけないのか。我々は被害者です。あんな惨事に再び見舞われないよう、積極的に行動する権利がある。さらには当然、報復権も持っている。右の頬を打たれたら左を打ちかえしていい。

報復権を留保しているのは米国もよく知っているから、日本に核兵器を持たせたくない。少なくとも米民主党政権は、日本が2発の核の報復権を行使すると思いこんできました。日本人の有識者ですら、核武装については議論すらすべきでないと言うのは、アメリカ人が日本の核武装など許すはずがないと信じているからでしょう。

しかし、それは論理が逆なんです。アメリカ人がそう思っているからこそ、そこに付け入るような交渉をしていかなければならない。

それには、米国べったりをやめることです。

先ほど触れたロシアもそうですし、EUを離れた英国あたりと合従連衡《がっしょうれんこう》してもいい。

コータッチの近ごろの論調の変化で見たように、今、のどから手が出るほど日本との提携を望んでいるわけでしょう。そこでテリーザ・メイ首相に接近して、第二の日英同盟をめざす。

私はいつもアメリカ人を「白いシナ人」だと言ってきました。実際のシナ人は黄色いけれども、白くすればアメリカ人になる。悪さにかけてはよく似ている。

だから日本は、いつまでもアメリカ一辺倒では駄目で、米国のほかに連衡する相手を持たなければいけません。

1960年代、高度成長期の日本はエネルギー不足に苦しみ、読売の正力松太郎は原発が必要だと考えました。しかし米国は日本に原子力の平和利用を許さない方針でしたから、訪米した正力に、偉そうに非常に厳しい条件をつけた。

そこで正力はどうしたか。英国と交渉して、黒鉛減速ガス冷却炉（コールダーホール型）の英国製商用発電炉を導入したのです。

茨城県東海村に今もある日本原子力発電株式会社（日本原電）の原子炉で、黒鉛減速型ですから暴走の危険は低いけれども、黒鉛は石炭の塊ですから、すぐ火事を起こすという問題がありました。それと、私が新聞記者として取材した時、あんな巨大なのに16万キロワットしか発電できないのかと思ったほど、出力は小さい。

ただ、米国は日英提携にびっくりしたわけです。英国と手を組んで核技術が入ると、日本は米国の核コントロールから逸脱してしまうおそれが出てきた。

そこで急いでGEとウェスチングハウスの技術を導入させ、東海村の日本原子力研究所の試験炉が、隣のコールダーホールよりも先に臨界を迎えることになりました。

渡部　福島原発に導入された軽水炉の技術ですね。

高山　そうです。福島も含め、九州から北海道まですべて米国製の技術にしてしまい、コールダーホール型はあまり利益が出ないこともあって、潰されました。

米国が日本の原子力行政を変えさせたわけです。

渡部　なるほど。

高山　それまで、どれほど頼んでも首を縦にふらなかったわけですから、英国に協力を求めた正力の判断は正しかった。

彼は福島原発事故後、〝原発の父〟とさんざん悪者にされていますが、欲しかった原発技術を手に入れることができたのは、彼が英国と交渉したことがきっかけでした。

だから通商・経済交渉のみならず、軍事技術や安全保障面でも英国と手を結ぶ。

英国は北海油田のピークアウトを見越して原発が必要だから、「広核集団」の中国製の原子炉に抵抗を示しつつも建設に同意しました。

日本もこれを好機に英原発への支援に動いているようですが、うまく取り込むべきです。あるいはロシアに接近すればいい。北方領土問題がどうしても障害になるなら、国後・択捉は返さないという主張の背景を、多少忖度《そんたく》してやってもいいわけです。

ロシア側の懸念の一つは、日米同盟で米国の防衛義務がある以上、択捉の軍事基地はどうなるのかという点にあります。

渡部 択捉島には不凍港や飛行場もありますし、ミサイルも配備されていますから。

髙山 日本の主権を認めさえすれば、軍事基地の存続を認めてやってもいいと交渉する。つまり沖縄式にするオプションというのも考えていいのじゃないか。そこにロシアの核配備も認める。

もし日本が侵略されて沖縄の米軍が動かなかった場合、択捉のロシア軍に代わりに撃ってもらうくらいの両天秤の外交交渉を、日本は進めるべきなんです。

遠く英国と同盟関係を結んで、さらにプーチンを取り込むくらいの深謀遠慮がなければ、中国のような「平和を愛さない国」の膨張下で日本が生き残ることはできません。

２０１４年１月、安倍首相がスイスのダボス会議で「今年は第一次大戦から１００年目、英国もドイツも経済的な依存度は高く最大の貿易相手国だったが、戦争は起こった。偶発的な事故が起こらないよう、コミュニケーション・チャンネルをつくることを申し入れた」と述べたところ、欧米メディアが「日中間の緊張が極度に高まっている」と報道しました。

これは通訳が「(日中は第一次大戦の英独と)似た状況にあると思う」と勝手に付け加えたのが間違いで、「軍事衝突は両国にとって大変なダメージになると日中の指導者は理解している」から避けるべき、という安倍さんの真意を伝えなかったゆえの誤解でしたが、既存のメディアは不安感ばかり伝えがちです。

EUへの逆風や、各国で自国第一主義と反移民勢力が伸びてきている報道でも、同じように不安と批判しか伝えることができていません。

あれだけ煽ってきたグローバリズムが終焉を迎えつつある現実を、メディアはどうしても受け入れることができないのです。

トランプ政権で新設された、国家通商会議のトップに任命されたカリフォルニア大学教授のピーター・ナバロは、16世紀以降の世界史を見ると、新興勢力が既存の大国に挑戦した15例のうち11例(確率7割以上)で戦争が起きているといっています(『米中もし戦わば』)。

ドイツが英国に挑んだことが二度の世界大戦につながったように、米国に潰されまいと軍拡に励む中国と、現状維持を望む米国は、どう争っていくのか。

新興アテネと既存大国スパルタのように、両国とも滅んでしまえばいいのですが、日本のメディアも「アメリカの戦争に巻き込まれる」不安しか煽っていないので、この危機を乗り越えるような議論がなかなかできません。

少なくとも、自分は血を流したくないから、アメリカに護らせておけ、憲法9条があるから戦場には行けない、武力を伴う国際協力もできないとごまかして、日米安保の片務性に甘えてきた戦後日本の常識は、もう通用しないことははっきりしています。

しかし、「メディアが世論の上に君臨する」状況が変わらなければ、世論もなかなか変化していかないのです。

安倍首相にロシアのプーチン、もしかするとトルコのエルドアンと、インドのモディが加わって、グローバリズムに反対する奇人連合を進めれば、米国と中国が仕切る世界秩序から脱する、おもしろい交渉ができるような気がします。

渡部　そうですね。日本をどうしても戦後レジームに閉じ込めておきたい敗戦利得者はまだいますが、戦後秩序の綻びはますますはっきりしています。

現に、世界情勢の変化を理解する日本人が次第に増えてきました。かつては「北朝鮮」

と言ってはならず、朝鮮民主主義人民共和国と言わなければならなかったほど、日本の言論空間は異常でしたが、すっかり変わりました。

あるいは、つい最近まで中国を悪く言う人はほとんどいませんでしたが、最近では一般の人の中にも「中国はひどい」という認識が広がってきています。

元来は穏当な国民が、尖閣や竹島、北方領土への度重なる侵略を見て、脅威を感じ、意識が変わってきたのでしょう。

だからこそ安倍首相には、一日も早く戦後憲法を廃して、憲法改正の手続きに進んでいただきたいですね。

グローバル化に最後までしがみつく習近平

高山　米国のほかに日本が組むべき相手として、フランスやドイツがあるじゃないかという人もいますが、私は、ＥＵはもうだめだと思います。

ＥＵがなぜ結成されたかといえば、先に述べたように、日本が戦争中にアジアの植民地を宗主国の手から切り離し、民族意識を教育したことで、戦後に独立してしまった結果です。

植民地でぼろ儲けしていたオランダもフランスも、そのおかげで貧乏になってしまいました。仕方がないので、貧乏国同士が寄り集まって互助会をつくったのがEUの始まりです。

当初の6か国に英国が入らなかったのは、大英帝国の名残りの英連邦で、マレーシア、シンガポールなど、まだ植民地からのあがりが残されていたためです。

欧州大陸の国よりよほど恵まれていたから、EUに入ったり出たりする。

渡部 そう。だからポンドもそのまま残して、共通通貨ユーロは導入しなかった。

髙山 ドイツだって第一次大戦で植民地が失われたまま、もともと貧乏でジャガイモしか食っていない。

そういう大陸の貧乏国家が寄り集まって、エネルギー分野から始めて一所懸命、単一市場を目指して経済協力していったら、うまくいった。

そこで、周辺の南欧や中・東欧まで、安い労働力の確保と、市場を狙って範囲を広げたのが拡大EU、つまり今の姿です。

ところが、まさか中東やアフリカから大量移民が来るとは思っていなかった。大きな手違いでした（笑）。

渡部　年間100万人規模の莫大な移民・難民が、イラクやシリアから入るようになってしまいました。

ローマ帝国はゲルマンやケルトの流入で滅んでいきましたが、800年にカール大帝（シャルルマーニュ）が今のドイツ、フランス、北イタリアを統一して西ローマ帝国を再興し、その継承者の一人であるオットー一世が神聖ローマ帝国を築きました。こういう西ヨーロッパの統合という歴史的記憶がありますから、EUで国境をなくしましょうという流れに乗りやすかったのでしょう。

その中枢で主導権をとっていたのはユダヤ人だと思いますが、いま移民・難民問題でその流れにストップがかかり、異質の民族に対する反感が強まっています。

イスラム教徒の多いアラブ系に関してはオープンに報道できますが、その陰に隠れる形で、ヨーロッパ国内では反ユダヤの動きがまた出てきているようです。毎年数千人のユダヤ人がフランスからアメリカへ移住しているという報道が少し前にありました。

ただしイギリスは、海を隔てているせいか、もともと神聖ローマ帝国には入らず、移民問題でも大陸とは一線を画してきた。EU離脱の背景にはそういう歴史があったように思います。

とはいえ、ドイツ人もフランス人もイタリア人も、自分の国家に誇りを持っていますから、本心では移民を好きではないでしょう。

髙山　EUを正確にいえば、日本によって貧乏にさせられた国々の戦後互助会ですが、英国だけは日本を憎む度合いも半分くらいです。植民地を失ったとはいっても、一文無しに近くなったフランスなどとは違う。

渡部　日英同盟の記憶が多少は残っているんです。でも、白人は心の底では、まだ日本を憎んでいるでしょう。とくにオランダはひどいですね。

髙山　オランダは日本のせいで、インドネシアという大きな財布を全部もっていかれてしまいました。

渡部　そうですね。だから天皇陛下が行っても生卵を投げるような国民感情になる。

髙山　貧乏国にされたという恨みが、ものすごくあるわけです。

渡部　戦後、ヨーロッパで移民が盛んになったのは、ドイツでもフランスでも、働き盛りの多くの若者が戦死したので、労働力の不足を補わないといけない、さしせまった理由がありました。

経営者は、安い移民労働者を使えば儲かります。でも、移民を使っているうちは、元からいた労働者の給料は上がりませんから、長い目でみれば必ず問題が生じます。

経営者や政治家にとって、移民は非常に好都合ですが、庶民にとっては、移民さえ来なければ賃金がもっと高くなったはずという意識が必ず生まれ、それが民族問題となり、EUやグローバル化の見直しにつながる。

高山　グローバル化の結果、コントロール不可能なほどの移民・難民の増加が、EUという戦後体制を終わらせつつあります。結局、どの国も国益を第一に考えているから、どこまでも国境を開くことはしません。ドイツのメルケルだって、難民を無制限で受け入れるつもりはありません。潮目が変わり、グローバル化の波にいまだに乗り続けようと頑張っているのは、習近平だけになりました。中国は外国から資本と技術を入れて盗み取り、より安く作る以外に生きるすべがないので、グローバリズムにしがみつくしかないわけです。

渡部　そう、グローバル化の流れで、大いに儲けた国が中国でした。

残念なのは、そのお膳立てをしてあげたのが日本だということです。国交正常化の後、中国の近代化の出発点となったのは、日本からの巨額の支援でした。

製鉄所をつくるのが大事だからと、新日鉄の全面協力で上海宝山製鉄所を作ってあげたのが始まりでしたが、中国はいま、べらぼうにたくさんの鉄をつくって、ダンピングで世界中を困らせている。家電メーカーや高速鉄道なども、「井戸を掘ってあげた」のは日本人です。

高山　対中公的援助は6兆円以上、それ以外にも、例えば京都議定書のCO2排出目標を守るために、そもそも議定書に参加していない中国から排出権を買う名目で、1兆円を供与しているんです。

渡部　そう、本当にばかばかしいことをよくやってきたと思います。どうしてだろうと思ったら、やはり自虐史観がある。

本書でも繰り返し言ってきましたが、戦後の日本人は、戦時中、アメリカやイギリス、中国に対して実に悪いことをしたと、頭の中に刷りこまれたのが、間違いのもとでした。

私が驚いたのは、塩爺と言われた塩川正十郎《まさじゅうろう》さんが財務大臣になって、食事に呼ばれた時、同席していた後に駐米大使になる外交官が、何気なく「日本は中国から何を言われても仕方ないんです」と言ったことです。

私は耳を疑いましたが、それが外務省の認識なのです。

髙山　財務大臣というと小泉内閣の２００１年から３年にかけてですから、それほど昔の話でもありませんね。

渡部　堺屋太一さんと私と、システム工学者の石井威望《たけもち》さんの３人が「福田家」でご馳走になりました。

外務事務次官ともう一人同席していたと思いますが、強く印象に残っているのは、偉い外交官が、中国には何を言われても聞かないといけないんですと、本気で言ったことです。ヒトラーの行いについて、ドイツ人がユダヤ人に謝罪するなら分かるけれども、なぜ日本が中国の言うなりに謝罪し、カネを支払い続けなければならないのか。

やはり、回り道のように見えても、歴史観を正しくしなければならないのです。でなければ、日本をずっと敗戦レジームに閉じ込めておきたい、米国と中国の思う壺ですよ。

髙山　トランプは白人優越主義の政策を打ち出していくでしょうが、それは同時に、グローバル化やポリティカルコレクトネスを促進してきた、戦後世界の枠組みを破壊していくでしょう。

日本にとって、いつまでも続くように見えた戦後から脱する、いい機会が到来したと思っています。

渡部　これから来るであろう、世界の多極化が日本に幸いをもたらすことを祈りたいですな。

世界の一極としての、日本の自立に向かっての祈りで終わりましょう。貴重なお話をありがとうございました。

髙山　こちらこそ、今日は本当にありがとうございました。

終　章　迷走して行き場を失う「敗戦利得者」——髙山正之

「朝日に楯突く気か、潰してやる」

対談を終えて、解説しておかねばならないことがある。

朝日を筆頭とする主流派マスコミが、あたかも言論の検閲官のようにふるまい、目障りな論者を葬り去ろうとするのはなぜか。その思い上がり、傲慢さの原点には戦後、米国の意を受けて、日本の侵略戦争と残虐行為の罪を追及する役割を与えられたことがある。日本を無条件に悪とする限りにおいて、歴史を好き放題に書くことのできる、大きな権力を与えられたのと同じになった。渡部昇一先生がいちはやく歴史観を主戦場に選び、半世紀近くも「敗戦利得者」と戦ってこられたのは、まさに慧眼だった。

敗戦直後は朝日もまともだった。鳩山一郎に原爆の非人道性を指摘する論考を書かせたが、GHQは朝日を発行禁止にして脅しをかけ、この次はもう廃刊だと脅しつけたら、あっさりと転んだ。

GHQは朝日を一番の子分にした。その他の新聞など当時、眼中になかったからだ。日本軍による虐殺やバターン死の行進のようなホラ話を書かせようとし、まず新聞社には紙の割り当てを制限した。先例がある。英国はビルマを支配するとまず紙を専売制とし、キリスト教会でしか売らせなかった。すると仏教徒がほとんどのビルマ人には紙が手に入らなくなって抵抗活動も停滞した。情報伝達手段を押さえるのは、植民地支配の基本だ。戦後日本でも、新聞は一枚のペラしか許されなかったが、「太平洋戦争」という連載をやらせて、GHQが宣伝に使う時だけは増ページ、つまり2枚4ページにする。そうやって新聞をコントロールした。

GHQは朝日と同様、NHKも日本人騙しの道具にした。田村町（内幸町）のNHKビルにはGHQのスタッフが大勢入って指図した。手狭なので、今は新国立美術館になっている麻布歩兵第三連隊跡に移転させ、星条旗新聞社が同居してGHQ直営日本語放送局にするはずだった。しかし朝鮮動乱が起きて計画は中断し、NHKは代々木に移った。

米国が朝日を重用した理由は、対談でも触れたように、後のCIAになるOSSの創立メンバー、アレン・ダレスとの密接な関係がある。政界入りしていた緒方竹虎（元副社長・主筆）と、論説主幹の笠信太郎の両者とも、ダレスとのつながりが深い。60年安保の例を出したように、朝日を使って、新聞と世論をコントロールする体制が出来上がっていたわけだ。

GHQはもう一つ、日本の世論を操作するために外国人記者会を置いた。気に喰わない政治家が出た場合、ここが「国際世論」を作り出し、朝日とNHKに粛清させる。

マーク・ゲインの『ニッポン日記』に、GHQの意向で外国人記者会の午餐会に鳩山一郎を呼び出し、特派員たちが吊るし上げるくだりがある。朝日はそれを受けて鳩山一郎を叩き、政治的に葬った。GHQがいなくなっても、このシステムは生き残った。田中角栄の金脈問題では、外国人記者会が田中を午餐会に招き、総攻撃するのを見て、それまで『文藝春秋』が報じても取り上げなかった日本の各紙は一斉に追随し、角栄は辞任に追い込まれた。続くロッキード事件も全く同じ構図だった。

こうした戦後体制があるから、朝日の権威は盤石に見えた。そこで気に喰わない論者の主張を検閲し、朝日の力で潰そうとする圧力がかけられるようになった。対談で触れたように、渡部先生も、大西巨人との架空の論争で紙面を作られたことが発端となり、朝日との長年の戦いが始まった。

渡部先生がなぜ狙われたかと言えば、朝日新聞の望まないことを主張したからだ。似たようなケースは、それ以前にもあった。例えば『ビルマの竪琴』で知られる竹山道雄は1968年、米空母エンタープライズの佐世保寄港について、朝日社会面で5名の識者の意見を紹介した中、ただ一人だけ賛成した。これに対して、朝日の煽りに乗せられた感情的非難の投書が殺到し、「声」欄に続々と掲載された。東京本社だけで250通を越す批判の投書が寄せられる中、朝日は竹山の再反論をボツにして、対話を断った形で論争を終結させた。朝日「声」欄の編集長は当時の『諸君!』に、担当者の判断で投書の採用を選択するのはどこでも行われていることと強弁した。

竹山道雄をやっつけて、「朝日の言うことを聞かないとどうなるか、思い知らせてやる」という尊大さをにじませた。朝日に逆らう者は許さないという思考が朝日新聞にはある。その特性は、そのまま現在まで続いている。

個人的なことを言えば、朝日との因縁の始まりは、昭和41(1966)年に起きた羽田沖の全日空機墜落について、昭和56(1981)年に異論を唱えたことだった。あの事故はパイロットミス説でほぼ決まっていたが、朝日が機体欠陥説を支持して騒ぎ、事故調査委員会は結局、朝日に押し切られて原因不明にした。しかし私が航空担当になっていろいろ話を聞いてみると、古手のパイロットたちのほとんどが、ボーイング727型機の性能を使いこなせなかったパイロットミスだという。そういう趣旨の記事を全日空の関係の雑誌にまとめたら、朝日の記者が取材に来て、総合面のトップ記事で、朝日の主張する機体欠陥説を不遜《ふそん》にも否定する意見を出したと、私と取材対象者の全日空関係者を名指しで叩いた。

本当の話をして何がいけないのか、異論を許さない朝日の姿勢に呆れかえったが、全日空も朝日で叩かれたからたまらない。関係した役職者何人かが減俸処分にされ、朝日に恭順の意を示した。朝日は「俺の書いたことに文句をつけるやつは許さない」という姿勢を示すために紙面を使うことにためらいがない。

全日空ですら謝罪と戒告の減俸処分をしたのには驚いた。いったいなぜ、朝日と違う説を唱えることさえ許されないのか。これも、渡部昇一先生が因縁をつけられたのと同じ、言論封殺の構図だ。

その少し後、社会部デスクになった。すると対談でも触れた朝日一面の毒ガス記事が出た。当時、社会部記者の石川水穂が「あれは毒ガスじゃなくて煙幕だ」という原稿を持っ

…を求める訴訟を東京地裁に起こした。

昨年末の総選挙をめぐっては、千葉四区など全国二十一選挙区の有権者グループが選挙無効（選挙やり直し）を求める選挙訴訟を広島、大阪、東京、札幌と五十四年十月総選挙をめぐって計四件起こされている。いずれも請求棄却となっているが、各判決とも「議員定数配分規定の違憲状態が明白で、国民の参政権の平等が侵されているとき、法改正の権限を持つ内閣

「今回の場合、格差が違憲だったことは明白。議員定数配分規定が違憲状態にある時、是正しないままでの解散は法的にも制約されることを、この訴訟によって明確にしたい」としている。

訴えたのは、千葉県市川市の

恐怖の煙幕

白煙の手前にアリのように見えるのが日本軍の兵士。写真を公表した元将校Aさんは「やや後方から作戦の全容を見ていた」という（中央の線は見開き写真のとじ目部分）

「これが毒ガス作戦」と元将校

当時の日本軍部内写真を公表

「これが毒ガス作戦だ」――日中戦争で旧日本軍が致死性のイペリットを含む大規模な化学戦をしていたことを裏付ける資料が次々と明るみに出たが、当時、中国戦線の第百一師団に所属していた神奈川県在住の元将校Aさん（[illegible]）がこのほど、朝日新聞社に「私は毒ガス攻撃の現場にいた」と当時の撮影写真を提供した。「これまでだれにも見せられなかったが、最近、当時の日本軍の行為を正当化するような動きがあり、憤りを感じたため、公表することを思い立った」とAさんは語っている。

写真は昭和十三年一月から十五年一月までの中国戦線での戦闘場面などを収めた記念写真帳のうちの一枚で、見開き二ページにわたる。写真帳は「支那事変記念写真帳第二輯」といい、Aさんの所属していた部隊が作成し、十五年十二月五日発行、同部隊の佐官級以上の将校に配られたという。百五十余ページの写真帳に掲載された他の写真にはすべて説明があるが、この写真に限って一行の説明もない。

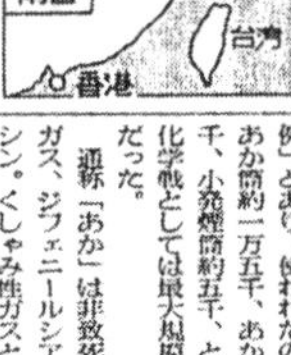

Aさんは「南昌攻略作戦の一コマで、十四年三月二十一日午後、中国・南昌市の北約五十キロ、修水県城近くで撮影されたものだと思います。写真の光景にはっきり見覚えがあり、手帳に日時も記入していた。当時、写真集をもらってこのページを開いたとき、あの作戦だ、とすぐわかった」と証言する。

対岸にいる中国軍に向けて毒ガス攻撃をするというので全員が防毒マスクをつけて待機、ガス係が点火して写真のような光景になったという。その夜、渡河作戦は成功した。

中国戦線の毒ガス作戦を裏付けた陸軍習志野学校の「支那事変ニ於ケル化学戦例証集」によると、修水渡河作戦は「あか筒及あか弾ヲ大規模ニ使用シ軍ノ敵前渡河ヲ容易ナラシメタル例」とあり、使われたのは、中あか筒約一万五千、あか弾約三千、小発煙筒約五千、という、化学戦としては最大規模のものだった。

通称「あか」は非致死性の毒ガス、ジフェニールシアンアルシン。くしゃみ性ガスともいわれ、吸い込むと激しいくしゃみや吐き気に襲われ、戦闘不能に陥る。

実際に中国戦線に従軍し、最近は日中戦争での化学戦の実証的研究を進めている藤原彰・一橋大教授（日本近・現代政治史専攻）は「写真を見ると、発煙筒ではなく、毒ガスに間違いないと思うが、放射筒が写っていないので、写真だけからガスの種類を特定することはできない。私自身、日中戦争での毒ガス実射写真を見たのは初めてだし、公開されるのもこれが初めてだろう」と話している。

…を是正のための合理的期間内として合憲と結論した昨年十一月の最高裁大法廷判決を踏まえ、「その総選挙からさらに三年を経過していた本件総選挙の段階では、是正のための合理的期間を過ぎていたことは明白で、選挙前に当然是正を行うべきであった」と指摘。そのうえで、「前衆院議員の任期はことし六月までであり、この間に定数配分規定の改正は十分できた。にもかかわらず、内閣が何ら改正のための立法努力をつくさず解散権を強行したのは明らかに解散権の乱用に当たる」と述べている。

衆院定数違憲判決　千葉県選管も上告

昨年十二月の総選挙をめぐり、現行の衆院定数配分規定を違憲とした去る十九日の東京高裁判決に対し、被告の一人、千葉県選挙管理委員会（須賀利雄委員長）は三十日、上告することを決めた。

これで、被告の東京、神奈川、埼玉、千葉の首都圏四都県選管がすべて上告を決めたことになる。

てきたから、社会面トップで大きく掲載した。すると翌日、朝日の担当部長がどなり込んできたからまた驚いた。

普通、記事の間違いを指摘されたら、ミスがあったかもしれないと徹底的に調べなおすのが記者、あるいは編集者の態度だろう。常識で考えても、毒ガスが空に立ち上っているわけがない。

最初に使われた毒ガスをイペリットという。ベルギーのイーペルという村の近くで初めて使用されたマスタードガスの別名だ。膠着《こうちゃく》していた西部戦線で、連合軍側のほうに風がなびいている時にボンベのふたを開けると、このイペリットは地面を這って相手陣の塹壕の中に流れ込む。それで敵陣の塹壕の中にいる将兵が死ぬ。

マスタードガスというのは臭いがマスタードに似ているのと、色がやや黄色いからだ。対談でも触れたが、86年、テヘラン支局長の時、イランの野戦病院で実際にその負傷兵も見ており、凄惨なものだと思った。新聞記者なら、毒ガスが地を這うことくらいは知っているべきで、空を舞い上ってはいけない、カラスを殺しても意味がないと気づかないのかと、担当の佐竹部長に言った。すると「産経風情が朝日に盾突く気か」「産経など潰してやる」ときた。いったい何様のつもりなのか。朝日の報道内容に疑問を呈してはならない、

「天下の朝日」の考えに逆らってはいけないというわけだ。ひどく増長した態度に驚いた。

その後、石川水穂が写真の出典も見つけて報じ、結局、数日後に朝日は訂正記事を書く羽目になったが、「毒ガスではなかった」と訂正せず、「作戦の場所が違っていた」というはぐらかし訂正で逃げた。この逃げ方は、最近の森友学園報道で朝日が「開成小学校」を「安倍晋三小学校」と報じたことについての言い訳とそっくりだ。「校名などが当初、黒塗りになっていたため、朝日新聞は籠池《かごいけ》氏への取材に基づいて、籠池氏が『安倍晋三記念小学校』の校名を記した趣意書を財務省近畿財務局に出したと明らかにした、と5月9日付朝刊で報じた」（2017年11月25日付）

間違っておきながら訂正もお詫びもしない。いかなる誤報があっても、朝日が書いたことに間違いを指摘するのは許されず、逆ギレする。通常なら考えられない思い上がりと特権意識だ。

そういえば、入社同期の記者でいつの間にか朝日に移ったのがいた。支局から社会部に上がった頃、どこかの現場で会い、声をかけると、キッとこちらを見据えて「俺はもう朝日新聞の記者だ。『さん』付けで呼べ」と。もうお前とは格が違うという言い方をする。朝日人というのは選ばれたジャーナリストで、お前らとは違うと、新聞社同士でもそういう特権意識を丸出しにしていた。

日本がいかにダメか、書き連ねたい病理

現実に朝日新聞がやってきたことは、日本人の醜悪さを強調し、この民族は根性からしてダメだと書くことだった。サンゴ落書き事件に典型的に表れたように、自分で落書きしておいて「日本人の記念碑になるに違いない。百年単位で育ってきたものを瞬時に傷つけて恥じない、精神の貧しさの、すさんだ心の……」と書く。精神が貧しく恥知らずな日本人が、いかにダメかを嬉しそうに批判していた。

1999年のカンヌ国際広告祭で金賞に選ばれた、ノルウェーのブローテン航空(BRAATHENS Airline、現スカンジナビア航空)が作成した「The Japanese」というコマーシャルがある。

内容は日本人乗客がオドオドしながら飛行機に乗り込んできて、機内食の中からポリ袋に入ったものを取り上げて、おしぼりだと思って顔をふいたらピーナッツバターがべったり。画面が変わり次に本物のおしぼりが出された際に、今度は菓子だと早合点し、「今は

おなかいっぱいだから」と断る、というものだ。乗りなれない飛行機で、日本人乗客が、周りの様子をうかがいつつ、結局失敗するというストーリーだ。

機内サービスのおしぼりは日本のものだ。ノルウェー人などは手を拭くことも知らなかった。おしぼりを出されても、靴でも拭くのかと思っていたようなノルウェー人の航空会社が、最近になって、自分たちもおしぼりを提供し始めた。それが嬉しくて日本人ならまだ知らないだろうと思って創った作品だ。朝日は、日本人は外国からこのように恥ずかしく見られていると自虐趣味たっぷりに書く。新聞社なら、これは大間違いで、おしぼりが分からないような日本人はいない、と書くのが常識的な反応だろう。そうまでして日本人を醜く書きたいか。これも朝日の病理だ。

南京大虐殺も、日本人はこれほど残忍だった証拠だと本多勝一に書かせた。米国人とシナ人の合作した大嘘を、本多勝一が増幅したわけだが、天声人語は2017年になっても「日本軍が南京で多くの中国人を虐殺したのが80年前の今月。記憶することの難しさと忘却することの危うさ」と書く。この筆者は、執筆前に自社の調査部に行くべきだった。そこには南京入城から部隊とずっと行動を共にしていた先輩記者の現地報告があり、80名を越える先輩カメラマンや記者が日々撮影し続けた南京市街の写真がある。本多が書き換える前の、真実の写真の解説文がある。蔣介石軍の恐怖から救われた市民の笑顔ばかりで、虐殺を報じたものなどない。なぜこんなところから大虐殺の話が出るのかと疑問に思うはずだ。何といっても、現地に一番多く記者を派遣していたのは朝日だったからである。彼らが目撃していたものこそ、真実だ。

対談中に取りあげた脂肪瘤を60年前のコブだと言い張る記事も、本多勝一と同じ、日本は残忍だと書きたいための見え透いたウソだ。戦後に取り入れた自虐史観を規範として崇めつつ、善悪の判断は所属する朝日の規範が優先するから、「日本軍が悪い」ことさえクリアしていれば、事実かどうかは関係ない。ここまでくると、もはや確心犯である。

そんな朝日が好んで使う学者がいる。例えば対談でも触れたジョン・ダワーだ。ダワーこそ歴史を都合よく書き換えて、日本が悪かったことにしたいアメリカ人の代表だ。

日本はなぜ戦争をしたのか。アメリカが仕組んで真珠湾に突っ込ませた経緯について、ダワーは『敗北を抱きしめて』の冒頭で大略次のように書いている。「日本人は驚くほどの勢いで白人文明を身に着け、発展したが、ある日突然発狂して残虐になり、性格も豹変して、侵略を始めた」。冗談ではない。白人の上から見下す白人優越意識にはうんざりだが、そもそもなぜ発狂したのか、その理由はこの本をずっと読んでも書いていない。

せいぜい出てくるのは、『人種偏見』という本の中で、日本人は白人国家のクラブから追い出されたからだ、つまり白人になれず、クラブへの参入を拒否されたために、おかしくなったという。とんでもない。戦前の日本人が白人になりたいなどと求めたことは一度もない。人種平等は唱えた。人種の壁があることに異議を申し立てたのであり、白人クラブに入れてくれとご機嫌伺いしたり、準白人扱いしてくれと言ったことなどない。そんな邪推をあえてするジョン・ダワーは、いかに卑屈な人間かお里が知れるが、それを重用するのが朝日だ。

ダワーと同じくらい朝日が好んで使うのが、慶応大学教授の添谷芳秀《そえやよしひで》（国際政治学者）だ。最初は日経新聞に99年6月に出ると、すぐに朝日新聞に気に入られ、登場するようになった。書くことは同工異曲で、日本は大国でなくていい。二流国でよく、大国である中国の下について助けろという。なぜか。戦後日本外交の起点には、「侵略戦争の歴史に対する深い自省があった」という。その認識を前提に、償いをし続けるべきだから、と書く。社民党や立憲民主党と同じ自虐史観の持ち主で、やはりアメリカ留学帰りだ（ミシガン大学大学院）。

他の学者に、早稲田大学名誉教授の後藤乾一がいる。1986年に、日本軍がスマトラ島で要塞を作り、完成後に機密を守るため、作業に従事したインドネシア人労働者3000人を穴に突き落として虐殺した、と発表した。当時の関係者によれば、作業したのは要塞ではなく防空壕であり、工事中は一人の死者もなく、作業に従事した労務者達には日当が支払われた。そしてその作業従事者も生きていて証言してくれた。

後藤はこれとは別に99年8月の朝日新聞で「過酷な戦時支配の歴史」と題し、東ティモールで島民約4万人の死者が出たと発表。現地の人口構成がいびつになっているのは日本軍が殺したせいだと主張した。あるいは関東学院大学教授の林博史《ひろふみ》は、日本軍はマレー半島でマレー人の赤ん坊を放り投げて、銃剣で刺したという作り話を広めた。

彼らの主張の問題は、米国製の嘘と同じで、日本人の自信を喪失させ、自分たちは二流でいいと思い込ませ、何十年経とうとも侵略戦争の罪を償うべきだと洗脳し続けることで、自立する力を日本人から奪おうとしている。

だが、70年間も同じことをやり続けていると、さすがに飽きられてきた。読者が朝日のやり方についてこない場面が増えてきた。安倍政権の大きな成果だ。

フェイクニュースとの戦いは新たな次元に

フェイクニュースとの戦いを、トランプより先に始めていたのは、安倍晋三だった。

対談でも触れた、第二次安倍政権誕生前夜、2012年12月末の日本記者クラブの党首討論会で、朝日の星浩が慰安婦問題を糺した。すると安倍は「あなたの新聞が吉田清治という詐欺師の話を広めたためじゃないですか」と切り返した。第一次安倍政権と同じように叩き潰そうとしたら、今度は安倍が、従軍慰安婦問題は朝日のフェイクニュースだと逆襲してきた。安倍が憎くて仕方がない。でも結局、吉田清治の嘘は隠し切れず、記事撤回を余儀なくされ、追い打ちをかけるように吉田調書問題が出た。

吉田調書も、この文書の解釈で、天下の朝日様が「福島第一所員が命令違反して撤退した」と読んだことにお前らは文句をつけるのかと開き直っていた。渡部先生が巻き込まれたのと同じ、居丈高で増長した顔を見せていた。ところが今回は、各紙の検証で、文書のどこにもそんなことは書いていないと糾弾され、結果、木村伊量社長の首が飛んだ。

米国では、前述した陰謀のアメリカ、カネのためなら国家転覆の破壊工作や戦争も辞さないグローバリズムが行き詰まり、有権者に見透かされた結果、ヒラリーが大統領選に落選した。トランプは陰湿なアメリカの代表であるニューヨーク・タイムズやＣＮＮから散々にこき下ろされたが、「彼らはフェイクニュースだ」とやり返していた。そのトランプにいちはやく会って、あなたより前にフェイクニュースと戦い、勝ったのは私ですと安倍は言った。あれは朝日に対する勝利宣言だった。

米国のメディアはまだ影響力があることを思い知らせようと、懸命にトランプを個人攻撃している。しかし米国のジャーナリズムというのは結局、政府の動向についていかなければ生き残れないから、米国の作る国際秩序と戦争を支持していく運命にある。そんな米国のメディアを師と仰ぐ朝日は、糸の切れた凧のように、ひたすら安倍叩きを加速させた。

それで森友・加計問題を引っ張り出したものの、安倍に、フェイクな朝日を信じますかと切り返され、もし私の関与があるなら辞任しますとけしかけられ、大騒ぎしたあげく、総選挙で自民党は単独過半数を大きく超える議席を獲得。朝日は再び敗れた。

今の日本の政治家で、まともな外交ができるのは安倍しかいないと思うのは戦前派の老人だけかと思っていた。あとは反安倍の団塊の世代とそのジュニアと思っていたら、あにはからんや、若い人ほど安倍を支持しているという調査結果が出た。ちょっと嬉しかった。

安倍政権が成果を挙げることで、日本は変わってきている。若い世代ほど、フェイクニュースをフェイクだと感知できるようになっている。これは大きな変化だ。安倍自身もこの点に手ごたえを感じていることだろう。

その間、朝日は秘密保護法、安保法制、共謀罪、森友・加計と、政局づくりに失敗し続けた。憲法改正ですら、賛否が拮抗しつつある自社の世論調査結果を認めざるを得なくなっている。朝日はこれまで、世論操作で政局を作ろうとし、成功してきた。ところが第二次安倍政権では有権者にそれが見抜かれ、しかもいくら世論操作しても負け続けている。朝日の戦後的なやり方が限界にきている証拠ではないか。

紙面を見ても、朝日新聞は変わってきている。アンチ安倍、アンチ原発、アンチ日本以外の部分では、健康雑誌に似てきた。どうすれば便秘が治るとか、健康雑誌と女性雑誌がコラボしたような紙面づくりになってきた。

内部の人間に訊くと、部数減が止まらず、取材費も制限され、2016年にはタクシーチケットが廃止された。さらに給料も、19年4月から平均160万円減額されることになったという。新聞社がこのまま死んでいく運命だとすれば、フェイクニュースとの戦いの様相も変わる。

もし朝日新聞がまともになって、本当のことを伝えるようになれば、日本は半年も経たずに良い方向へ大きく変わるだろう。歴史を見れば、明治維新のような、体制の大変革から日本人が再起するには日清、日露戦争のような国難があってやっとなしとげられた。しかし日本人はもともとまともな民族だし、民度も上がっているから、今の戦後体制の大変革には、別に国難的な戦争を必要としないかもしれない。それには新聞、メディアが本当のことを、例えば米国の素性がどういうものだったか書くことだ。

18年1月28日の朝日新聞「文化の扉」という特集ページに、「異説あり 真珠湾攻撃 米は察知?」という記事が掲載された。チャールズ・A・ビアードの著書（『ルーズベルトの責任』）を参考に、米国が日本を追い込んで戦争を仕掛けさせた、という説を紹介している。

私に言わせれば、こんな記事は30年以上前に紹介すべきだったが、それより異説を認めなかった朝日が「異説あり」としてこれまでの朝日の歴史認識とは違うものを紹介したのは驚きだった。

とはいえ、朝日が「真実に目覚めた」わけではあるまい。反日、反安倍の記事だけでは読者がついてこず、部数減がひどいので、いろいろな手を打とうとして、迷走している表れだろう。

朝日が迷走のあまり、頼みの綱の国際世論さえも敵に回してしまった事実を示すいい例が、子宮頸がんワクチンをめぐる報道だ。国が悪いことをしているという戦後路線がまずある。憲法前文にある通り、「政府の行為によつて再び戦争の惨禍が起ることのないやう」、悪いのは常に国だということを確認するため、国家賠償法で訴える。南原繁らが広めた、国が悪いと主張して民のさもしさを刺激するやり方だ。

厚労省が患者の要望に応えて、肺がんの特効薬イレッサを早めに認可した時、新聞は副作用があると因縁をつけ、薬害だと騒いで遺族を煽り、最高裁まで争わせた。結果は敗訴。インフルエンザ治療薬「タミフル」をめぐる異常行動の訴訟でも同じようなことが起きた。薬害問題で国を訴えてカネを取ろうとする構図の中で、次に浮上した攻撃対象が子宮頸がんワクチンだった。ワクチン投与で自己免疫が狂い、脳障害を起こすという。不調を覚える女性たちが訴えを起こした。厚労省はメディアに遠慮して接種の勧めをやめた。接種率は1％に落ち込んだ。

これにWHOが怒った。「ワクチンが原因という説は疑わしい」と反論してきた。世界中で子宮頸がんワクチンを普及させてきた理由は、咽頭がんや大腸がんの急増にヒトパピローマウイルス（HPV）が関係があると判明したからだ。米国では男性にもワクチン接種を始めている。WHOが音頭をとって世界中で進めている子宮頸がん撲滅運動を、日本だけがやめてしまった。

ワクチン接種についての朝日の論調は、「こんなひどいことを国が進めていいのか」と、政府の責任を追及し、攻撃する材料に使う、浅薄なものだ。世界中で対策が進められている問題で、日本だけが脱落してしまった。

ＷＨＯとＣＤＣ（米疾病予防管理センター）と欧州健康機構の３機関がそろって、ＨＰＶワクチンには副作用がないと発出した声明は、日本に向けられたものだ。次の国際社会のメッセージは、ネイチャー誌の長年の編集長の名が冠された「ジョン・マドックス賞」（健全な科学とエビデンスを広めるのに貢献した個人に与えられる）が、ワクチンの誤情報を指摘し、安全性を説いた日本人の村中璃子に与えられたことだった。朝日の近視眼的キャンペーンはここでやっと敗退したが、朝日新聞がそれを報じたのは初報から18日も経ってからだった。

朝日が戦後路線を固守することで、「国際社会から孤立」してしまったのである。朝日はいったいどこを向いて仕事をしているのか、本人たちにも分からなくなっている現状を、よく表しているエピソードではないか。

日本を悪とする報道が、朝日も気づかないうちに国の評判を貶めている。国を貶めるのは日本を貶めることだと、多くの日本人は気づきつつあるが、果たして朝日新聞が理解する日はやってくるのか。残念だが、それまで愛の鞭を振るい続けたい。それが渡部先生も望んでいた道のはずだ。

渡部昇一先生の一周忌によせて

髙山正之

【著者略歴】

渡部昇一（わたなべ　しょういち）

上智大学名誉教授、英文学者、文明批評家。1930（昭和5）年山形県鶴岡市生まれ。上智大学大学院修士課程修了後、独ミュンスター大学、英オクスフォード大学に留学。Dr.Phil., Dr.Phil. h.c.（英語学）。第24回エッセイストクラブ賞、第1回正論大賞受賞。著書に『英文法史』などの専門書、『文科の時代』『知的生活の方法』『知的余生の方法』『アメリカが畏怖した日本』『「日本の歴史」①〜⑦』『読む年表　日本の歴史』『国民の修身』などの話題作やベストセラーが多数ある。2017（平成29）年4月17日逝去。

髙山正之（たかやま　まさゆき）

ジャーナリスト。1942（昭和17）年生まれ。65（昭和40）年、東京都立大学卒業後、産経新聞社入社。社会部デスクを経て、テヘラン、ロサンゼルス各支局長。98（平成10）年より3年間、産経新聞夕刊一面にて時事コラム『異見自在』を担当。2001（平成13）年から07（平成19）年まで帝京大学教授。著書に『週刊新潮』連載コラム『変見自在』シリーズ（最新は『トランプ、ウソつかない』）、『中国と韓国は息を吐くように嘘をつく』（徳間書店）ほか多数。

渡部昇一の世界史最終講義

2018年4月24日　第1刷発行

著　者
渡部昇一　髙山正之

発行者
土井尚道

発行所
株式会社　飛鳥新社
〒101-0003 東京都千代田区一ツ橋2-4-3　光文恒産ビル
電話（営業）03-3263-7770（編集）03-3263-7773
http://www.asukashinsha.co.jp

装　幀
神長文夫＋松岡昌代

印刷・製本
中央精版印刷株式会社

ISBN 978-4-86410-610-8

編集担当
工藤博海